Wind in der Mähne

Wind in der Mähne

Die Pferde der Götter

von Angelika Schmelzer

CADMOS
PFERDEBÜCHER

Cadmos Verlag GmbH, Lüneburg

Gestaltung: Ravenstein Brain Pool, Völkersen
Druck: Westermann, Zwickau
Titelfoto und Fotos aus Island:
Daisuke Schneider
Alle anderen Fotos: Angelika Schmelzer

Printed in Germany

ISBN 3-86127-343-8

INHALT

SKINFAXI

Du bist Leuchtmähne,

licht werden Himmel und Erde
durch deine Mähne;

von Westen übers Land
treiben Winde den Frühling;
wie eine Schar Pferde
hinauf die Berge stürmt,
zündet unter Hufen
warme Winde.
Leuchtmähne gute
durchmißt Heiden,
der Westwindrenner
sengt das Todesfahle
fort vom Winter,
sengt die schwarzen Wunden.

(Matthias Johannessen)

Die Pferde der Götter

Islandponys: eine Pferderasse, die es wie kaum eine andere geschafft hat, unsere Herzen zu erobern, unsere Begeisterung zu entfesseln, unseren Ehrgeiz zu wecken und unser reiterliches Feingefühl zu fordern. Seine vielen Freunde hängen dem Pony aus Island, der Insel aus Feuer und Eis, mit einer Verbundenheit an, die nur mit der "Arabitis" überzeugter Araberfans zu vergleichen ist. Was aber verbindet Araber und Isländer, zwei Rassen, wie sie unterschiedlicher nicht sein könnten? Nichts oder allenfalls sehr wenig, sollte man meinen, doch trotz aller offensichtlichen Unterschiede verknüpft diese beiden Rassen mehr, als man auf den ersten Blick vermuten möchte: Untrennbar verknüpft mit einem besonderen Menschenschlag, auf einzigartige Weise mit der Religion und Mythologie dieses Volkes verwoben, als uralte Kulturrasse ein Stück lebende Erinnerung an die frühe Zeit der Haustierwerdung unserer Pferde, besungen und geehrt im überlieferten Liedgut, der Sagenwelt der Helden und Götter, sind Vollblutaraber und Islandpony gleichermaßen Bewahrer eines wertvollen Erbes. Für ihre vielen Freunde sind sie immer auch Sinnbilder einer einzigartigen Kultur, einer besonderen Lebenseinstellung. Beide Rassen kamen von weit her, aus einem anderen Klima zu uns und sind heute aus der Welt der Reiter und Pferdefreunde nicht mehr wegzudenken. Während der Einfluß des Arabischen Vollblutes in Mitteleuropa schon mehrere Jahrhunderte zurückreicht, ist das Islandpony erst seit vergleichsweise kurzer Zeit hier zu Hause. Und wo der Araber vor allem der Zuchtgeschichte seinen edlen Stempel für jedermann sichtbar aufgedrückt hat, hat das Islandpony an den Grundfesten des traditionell orientierten Reitsportes gerüttelt und die Reiterwelt gespalten, aber letztendlich auch ein gutes Stück vorangebracht. Die wohl bedeutendste Veränderung der modernen Pferdehaltung, die Besinnung auf die natürlichen Bedürfnisse des Pferdes (Licht, Luft, Bewegung und die Gesellschaft von Artgenossen) und ihre Befriedigung durch artgerechte Haltungsformen, wurde ursprünglich durch die kleinen Ponys mit Wind in der Mähne ausgelöst. Vergleicht man Verbreitung und Bedeutung des Islandponys mit anderen, nach Mitteleuropa importierten Rassen, kommt man aus dem Staunen nicht mehr heraus: Sowohl bezüglich der Populationsgröße als auch hinsichtlich ihres Einflusses auf andere Sparten des Reitsportes lassen sie vergleichbare Ponyrassen weit hinter sich. Was mögen das für Pferde sein, die den frischen Wind aus "Eis - Land" in unsere Ställe brachten und dabei einiges durcheinanderwirbelten?

Die Geschichte Islands und der zwei- und vierbeinigen Isländer beginnt schon vor ungefähr 1000 Jahren für den Pferdefreund interessant zu werden. Im neunten Jahrhundert nämlich verließen norwegische Bauern in größerer Zahl ihre Heimat und besiedelten die karge, östlich von Grönland und nordwestlich von Schottland gelegene Insel. Sie brachten ihre Haustiere mit und hatten bei Zwischenlandungen zuvor ihren eigenen Bestand an Germanenponys durch Keltenponys aus Schottland aufgestockt. In den nächsten Jahrhunderten sollte aus diesen Pferden eine ganz außergewöhnliche Rasse entstehen, die in ihrer Ursprünglichkeit die Menschen bis heute fasziniert und aufgeschlossene Reiterherzen grundsätzlich im Sturm zu erobern pflegt. Die stolzen, dickköpfigen norwegischen Bauern wurden bald zu ebenso unbeugsamen isländischen Siedlern und schufen einen Freistaat mit dem Althing, einer gewählten Volksvertretung, als Mittelpunkt des politischen Lebens. Bis 1262 konnten die Isländer ihre Freiheit und Unabhängigkeit genießen, danach unterstellten sie sich wieder der norwegischen Herrschaft und fielen in den folgenden Jahrhunderten an Dänemark, bis sie 1944 die Unabhängigkeit erlangten und eine Republik gründeten.

Das Althing als gesetzgebende Versammlung regelte auch Fragen der Pferdezucht und erließ im 11. Jahrhundert ein Einfuhrverbot, das allerdings nach heutigem Kenntnisstand doch nicht so streng befolgt wurde, wie man noch vor kurzem annahm. Trotzdem gilt es als sicher, daß die Islandpferdezucht seit ungefähr 1000 Jahren als Reinzucht betrieben wird, fremde Rassen weder zielgerichtet als Vererber noch rein zufällig eingekreuzt wurden. Das Einfuhrverbot gilt bis heute und verbietet es beispielsweise (zweibeinigen) isländischen Teilnehmern an Europa- oder Weltmeisterschaften außerhalb Islands, ihre Pferde nach dem Wettkampf wieder mit nach Hause zu nehmen.

In ihrer tausendjährigen Geschichte haben die harte Natur der Insel und ihre Bewohner den Ponys nicht leicht gemacht. Stürmische, schneereiche Winter, kurze Sommer und eine karge Nahrungsgrundlage ließ nur abgehärtete, anspruchslose Pferde überleben; der Einsatz als belastbares Tragtier, ausdauerndes Reittier und Fleischlieferant brachte eine bodenständige, schnörkellose Rasse hervor. Zum Dank verwoben die Menschen Islands ihre geliebten Pferde in die Edda, eine Sammlung altisländischen Schrifttums, und die Saga, die von den Wikingerhäuptlingen und ihren Taten erzählt. Einfache Bauern wurden zu Poeten, wenn sie in Gedichten ihr Lieblingspferd priesen. Auch heute, wo das Islandpferd längst zu einem bedeutenden Wirtschaftsfaktor geworden ist, wo Exporte und Reittourismus die Pferdezucht und den Pferdesport auf Island boomen lassen, bleibt das Islandpony ein nicht wegzudenkender Freund, Begleiter und Helfer der Menschen auf Island.

Die isländische Revolution

Der heute in vielen Reitställen wehende frische Wind kam vor einigen Jahrzehnten direkt von der Insel aus Feuer und Eis: Die Islandponys haben ihn mitgebracht, als sie sich daranmachten, unsere Ställe und unsere Herzen zu erobern. Mit ihnen hielt ein neuer Geist Einzug und verdrängte zunehmend den alten Kommißmief. Der aus dem militärischen Formationsreiten abgeleitete moderne Reitsport mit seinen statuösen Warmblütern, der sportlichen Ausrichtung allein nach den anerkannten Disziplinen Dressur, Springen und Vielseitigkeit, der Aufstallung in quadratisch-praktischen Boxen und den mit dieser Form des Reitens untrennbar verbundenen militaristisch geprägten Bräuchen wurde durch die ersten Islandponys gründlich und für alle Zeiten verändert. Kaum zu glauben, was die urwüchsigen Pferde mit den fröhlichen Augen alles bewegt haben, doch die Bedeutung des Islandponys für die heutige Reitkultur im deutschsprachigen Raum kann nicht hoch genug eingeschätzt werden: Sie sind ursächlich für alle Veränderungen zum Positiven verantwortlich, die sich in den letzten Jahrzehnten durchsetzen konnten. Ohne Islandpferde keine Offenstallhaltung, keine Rassenvielfalt, keine Entwicklung neuer, pferdefreundlicher Ausbildungsmethoden, keine Wiederentdeckung und Wiederbelebung alter Reitweisen, auch keine Öffnung gegenüber den Reitstilen, Ausrüstungen und Gepflogenheiten der Reiter anderer Länder. Hier wurde weit mehr importiert als eine für damalige Reiteraugen unansehnliche, für Erwachsene eh´ viel zu kleine, mit merkwürdigen Gangfehlern behaftete und somit völlig überflüssige Rasse!

„Frischer Wind aus Island"

Und so begann die Revolution: In die liebgewordene Tradition von Abteilungsreiten, militärischen Kommandos und Gitterboxenställen platzte vor gut 50 Jahren ein Film mit dem harmlosen Titel „Die Mädels vom Immenhof", der auf den ersten Blick nicht weiter bemerkenswert scheint: zwei hübsche Mädels, eine nette Oma, Liebesglück und Sommerfrische, Marke Deutscher Heimatfilm. Ursula Bruns, ihres Zeichens gestandene „normale" Reitlehrerin, lieferte mit ihrem Buch „Dick und Dalli und die Ponys" die Vorlage für dieses heute längst zum Klassiker gewordenen Werk. Sie hatte 1949 mehr oder weniger zufällig Bekanntschaft mit einigen Islandponys geschlossen und war von dieser so „anderen" Rasse spontan begeistert. Flugs entstand ein Buch, in dem Islandponys und Shettys die Hauptrollen spielten und das, weit eindringlicher noch

Die Islandponys veränderten unsere Einstellung zum Pferd grundsätzlich.

Sie erobern unsere Herzen im Galopp: Isländer

als der Film, den starken Einfluß des Umgangs mit diesen Ponys auf die Persönlichkeit seiner Reiter deutlich machte. Extra für den Film kamen fünf isländische Ponys – Soti („der Rußfarbene"), Blesi („der mit der Blesse"), Blakkur („der Schwarze"), Jarpur („der Braune") und Grani („der Graue") – über Umwege nach Deutschland und rückten diese Rasse erstmals ins Licht einer breiten Öffentlichkeit. In ihrer Rolle als Filmstars übernahmen die fünf trabend, galoppierend und eben auch töltend die Aufgabe, aus einem unleidlichen Jungen mit dem schönen Namen „Ethelbert" flugs einen besseren, weil glücklicheren Menschen zu machen.

Zunächst rechnete natürlich niemand damit, daß mit diesen fünf Filmponys eine wahre isländische Invasion und Revolution beginnen würde, welche die deutsche Reitszene von Grund auf umkrempeln sollte, und doch begann damals ein Umbruch, der sich bis heute fortsetzt. Kaum war der Film erschienen, wurde 1957 bekannt, daß in Island viele Ponys im Schlachthof landeten und prompt kochten die Gemüter hoch: der erste Anreiz für größere Importe war gegeben. Das diese zunächst nicht unbedingt die Perlen isländischer Zuchtbemühungen enthielten, versteht sich von selbst. In Deutschland angekommen, stellten die vierbeinigen Pioniere ihre Reiter vor große Probleme: Man hatte Schwierigkeiten, die eigenartigen Gangarten zu sortieren, geschweige denn zu fördern. Reitlehrer mit Erfahrung in Tölt und Paß waren Mangelware, Reitanleitungen nicht vorhanden, und so zeugen Bilder der Anfangszeit von den oft vergeblichen Bemühungen der frischgebackenen Gangpferdebesitzer. Bei ihrem Anblick graust es den erfahrenen Islandpferdereiter heute. Da half es sicher auch nicht, daß uneingeweihte (und oft auch uneinsichtige) Großpferdereiter der festen Überzeugung waren, diese armen Ponys litten an schweren und offensichtlich unheilbaren Lahmheiten – warum sonst sollten sie so komisch laufen? Es dauerte nämlich nicht lange, bis die etablierte Reiterei auf diese Eindringlinge aufmerksam wurde: kleine, schmuddelige Ponys, die völlig tierschutzwidrig bei Wind und Wetter im Freien gehalten wurden und fast durchweg mit Lahmheiten behaftet schienen.

Und was noch schlimmer war: Nicht nur Kinder, sondern auch Erwachsene ritten diese armen Geschöpfe! Ernst nehmen konnte man das Ganze natürlich unter diesen Umständen nicht, ganz im Gegenteil: „Tierquälerei" war noch einer der sanftesten Begriffe, mit dem diese Art der Pferdehaltung und Reiterei belegt wurde. Es sollte nicht Jahre, sondern Jahrzehnte dauern, bis sich diese Einstellung entscheidend änderte. Zunächst hatten die frischgebackenen Islandpferdereiter mit sich selbst genug zu tun, sie mußten Erfahrungen sammeln: Erfahrung mit den fremden Gangarten, dem ganz eigenen Charakter dieser Pferde, Erfahrung mit Haltung und Fütterung. Und als man im Umgang mit diesen „Exoten" sicherer war, wurde man schnell auch selbstbewußter und experimentierfreudiger: Wenn man Islandponys in Offenställen halten kann, warum nicht auch andere Rassen? Warum immer nur reiten, wenn doch der alltägliche Umgang mit dem Pferd so viel Freude macht, durch den dauerhaften Kontakt eine so intensive Beziehung aufgebaut werden kann? Warum das Pferd arbeiten, wenn ich doch mit dem Pferd arbeiten kann? Die Verhaltensforschung gab ihren Senf dazu und so wurde „Equus caballus" offiziell zum Herden-, Flucht-, und Lauftier erklärt, mithin die Gruppenauslauf- oder Offenstallhaltung nicht nur als nicht-tierquälerisch, son-

dern im Gegenteil als artgerecht und pferdefreundlich anerkannt. Langsam, aber unaufhaltsam und grundsätzlich griffen diese Erkenntnisse auch auf andere Sparten des Reitsports über, änderte sich die gesamte Einstellung zum Pferd und zum Reiten. Der Horizont des deutschen Durchschnittsreiters erweiterte sich: Er ließ seinen Blick frei durch fremde Länder und Kulturen schweifen. Und was er da fand, überraschte und erfreute sein Reiterherz. Eine Vielfalt an Rassen, Reitstilen, Haltungsformen, Futtermitteln, Ausrüstungsgegenständen und Disziplinen wartete nur darauf, entdeckt zu werden. Und das geschah denn auch gründlich.

Der „isländischen Revolution" sind seither weitere Umbrüche und Fortschritte gefolgt. In Mitteleuropa hat sich nicht nur eine eigenständige und gut organisierte Gangpferdeszene neben der traditionellen Reiterei etabliert, inzwischen sind eine ganze Reihe weiterer, importierter Reitweisen und Rassen hier zu Hause. Ob Westernreiten oder klassische Dressur, ob leichte Reitweise oder iberisches Reiten, ob Quarter Horse, Friese oder Highland Pony, alle Reitweisen und Rassen verkörpern eigene Traditionen, sind Botschafter fremder Kulturen und tragen Offenheit und Toleranz in unsere Ställe. Das Verhältnis zwischen dem traditionellen deutschen Reitsport und den ehemals „alternativen" Reitweisen hat sich inzwischen umgekehrt: Es sind Boxenställe, Mächtigkeitsspringen, rüde Ausbildungsmethoden, es ist das verkrampft hinter dem Zügel gehende Dressurpferd, der mit hochgezogenen Absätzen sporenstochernde Reiter, das stumpfsinnige Abteilungsreiten, das ganze öde und einsame Leben der vielen in Einzelhaft gehaltenen Pferde, die ins Kreuzfeuer der Kritik geraten sind.

So ist das Islandpony mehr als eine von vielen Rassen: Es wurde zum Symbol für die bewußte Abwendung von den negativen Auswüchsen der etablierten Reiterei, von Boxenhaltung, Uniformierung und Kasernenhofton und es verkörpert für seine Anhänger ein Stück Natur, Ursprünglichkeit und Wildheit. Und das zu Recht.

Dies zu bewahren, zu verhindern, daß der auch in der Islandpferdeszene spürbare Kommerz das Islandpferd und seine Reiter zu sehr beeinflußt oder gar erobert, gehört zu den wichtigsten Aufgaben der nahen und fernen Zukunft. Eine Aufgabe, die sich jedem Islandponyreiter, aber auch der Gemeinschaft der Islandpferdefreunde als Ganzes und vor allem ihren offiziellen Vereinigungen stellt. Der im Jahr 1968 gegründete Islandpferde Reiter- und Züchterverband (IPZV) sieht sich als Vertretung aller Reiter, Züchter und Freunde des Islandpferdes und hat es mit durchdachter Organisationsstruktur, hervorragendem Ausbildungswesen und intensiver Betreuung der Zucht verstanden, viele Interessen unter einen Hut zu bringen. Auch in Österreich, der Schweiz und in anderen Ländern bestehen nationale Islandpferdeverbände. Während diese Vereinigungen die Sache des Islandpferdes und seiner Freunde auf nationaler Ebene vertreten, verbindet die Föderation Europäischer Islandpferdefreunde, kurz FEIF, die Islandpferdeleute vieler Länder.

Islandponys kennen – anders als ihre Reiter – keine Berührungsängste: Isländer und Friese

Der IPZV hat ein waches Auge auf Islandponys und ihre Freunde.

Steckbrief

Typisch für Islandponys ist ihre große Vielfalt im Erscheinungsbild.

Zugegeben, es ist nicht ganz einfach, das „typische" Islandpony zu beschreiben: Wie es sich für eine anständige Pferderasse gehört, sind zwar allen Islandpferden Eigenschaften gemein, die sie in ihrer Summe als dieser Rasse zugehörig erkennbar machen und gleichzeitig von Vertretern anderer Rassen unterscheiden. Typisch für den Isländer ist aber auch seine ganz besondere Vielfalt in Erscheinungsbild, Gangveranlagung und Temperament. Dies wird jedem Pferdefreund bewußt, der einmal eine Ponyherde eingehend betrachtet: Alle Farben außer Tigerschecken können uns begegnen, kalibrige oder eher elegante Isländer sind ebenso zu entdecken wie ruhige oder feurige Ponys. Die Palette der prägenden Eigenschaften ist sehr weit und darin liegt einer der vielen Reize dieser Rasse: Jeder Reiter findet, ganz unabhängig von Vorkenntnissen, Wünschen oder Geldbeutel das passende Traumpferd, wenn er oder sie sich von der ersten Verwirrung erholt hat. Dem Züchter bietet diese Vielfalt natürlich besonders gute Voraussetzungen, seine eigenen Vorstellungen zu verwirklichen. In einer Zuchtordnung ist zudem genau festgelegt, wie der ideale Isländer auszusehen hat, wie man sich seine Reiteigenschaften, sein Temperament, seinen Charakter wünscht. An diesem Standard werden Pferde gemessen, wenn sie sich einer der für Fohlen, ungerittene oder gerittene Pferde vorgesehenen Materialprüfung unterziehen. So sind auch der Vielfalt zwar weite, aber doch sinnvolle Grenzen gesetzt.

Das Exterieur

Kräftig, ohne klobig zu wirken, gut bemuskelt, dabei aber nicht zu üppig proportioniert, mit dichtem Langhaar, enormer Ausstrahlung, Präsenz und lebhaftem Blick: typisch Islandpony! Die abgedrehten, rundlichen Formen, die starken Gelenke, das hellwache Auge und der kräftige Hals verraten dem Betrachter auf einen Blick, daß er hier eine urtümliche Ponyrasse vor sich hat. Die ursprünglichen Ponytypen – mit denen moderne Schöpfungen wie das Deutsche Reitpony nichts gemein haben – sind Produkte einer Umwelt, die es eigentlich nicht allzu gut mit ihnen meinte.

Zwei Faktoren waren maßgeblich daran beteiligt, die allen Urponys gemeinsamen, kennzeichnenden Körpermerkmale hervorzurufen: ein hartes Klima mit kalten Wintern und nur mäßig warmen Sommern und die daraus resultierende karge Nahrungsgrundlage. Kurze, dicht behaarte Ohren erfrieren nicht so leicht, dichtes und harsches Langhaar schützt Kopf, Hals und die empfindlichen Geschlechtsteile, eine im Verhältnis zur Körpermasse geringe Körperoberfläche reduziert die Wärmeabgabe auf ein Mindestmaß, so daß kleinere, kräftige Pferde im Vorteil sind. Kleine Pferde brauchen auch weniger Futter, ein weiterer Grund dafür, daß Isländer, Shettys oder Norweger im Stockmaß deutlich unter den in freundlicheren Gefilden entstandenen Pferderassen lagen und liegen. Ausgesprochen kräftige Zähne zermahlen auch das ruppigste Gras, brauchen aber auch mehr Platz: Der kräftige, breite Ponykopf ist das

Ein Bild von einem Islandpony: Vikingur vom Wendalinushof!

Die Verpackung ist unterschiedlich, drin steckt aber immer ein echter Freund.

Schönheit auf isländisch: Mergur vom Wendalinushof

Resultat. Auch heute, wo bessere Fütterungsbedingungen und der zunehmende Export auf das wärmere Festland in vielen Bereichen dem Selektionsdruck von Mutter Natur die Härte genommen haben, achtet man darauf, den Isländer im ursprünglichen Typ zu erhalten. Zwar gab es immer wieder Tendenzen zu Veränderungen – eine Zeitlang sah man viele sehr groß geratene, feine Isländer, manche im Exterieur fast schon an Reitponys erinnernd – doch diese waren nie von Dauer. Gewünscht wird ein harmonisch proportioniertes Pony, das allerdings in unterschiedlicher Verpackung daherkommen kann. Je nach Zuchtlinie, Zuchtgebiet oder Gangveranlagung können Kenner verschiedene Typen unterscheiden: Manche sind leichtfüßiger, eleganter und ein bißchen leichter gebaut, andere kräftiger, wuchtiger und mit besonders energischem Auftreten, aber alle trotzdem auf den ersten Blick als Islandponys zu erkennen. Die Vielfalt der Fellfarben läßt keine Wünsche offen: Nicht nur Füchse, Schimmel, Rappen und Braune, sondern auch Isabellen, erdfarbene, falbe, mausgraue, windfarbene und scheckige Ponys bevölkern die Weiden und Ställe. Einzig Tigerschecken wird man vergeblich suchen, dafür aber beim Anblick eines Farbwechslers gründlich in Verwirrung gestürzt: Mit den Jahreszeiten wechselt er seine Farbe von Schimmel zu Rappe!

Der Standard des Islandpferdes macht auch klar, wie ein Isländer nicht aussehen darf. Kurze, sehr dicke Hälse mit tiefem Ansatz und unzureichender Ganaschenfreiheit sehen nicht nur unschön aus, sondern wirken sich auch auf die Reiteigenschaften negativ aus: Aufrichtung ebenso Fehlanzeige wie Beizäumung! Tonnige Rümpfe mit schwammigem Widerrist bringen auch den

besten Sattler zur Verzweiflung, klobige Köpfe mit gewöhnlichem Ausdruck sieht niemand gerne. Fehlerhaft sind auch zarte Gliedmaßen mit feinen Gelenken und Winzhufen oder andere Abweichungen vom Typ des ursprünglichen Ponys. Entscheidend bei der Gebäudebeurteilung ist allerdings immer die Funktion: Beeinträchtigen sie das Pony nicht, werden geringgradige Gebäudefehler hingenommen. Die guten Islandpferden eigene Schönheit und Ausstrahlung ist nämlich eine Dreingabe, nicht das erklärte Zuchtziel.

Das Interieur

Der Islandpony-unkundige Reiter ist immer wieder überrascht, wie schnell sich das eben noch friedlich grasende, Putzen und Satteln mit behäbiger Ruhe ertragende Pony mit dem Aufsitzen blitzschnell in ein waches, mutiges und enorm leistungsbereites Reitpferd verwandelt, um beim Absitzen ebenso schnell wieder herunterzuschalten. Im Umgang ruhig, zuverlässig, vernünftig und besonders leicht zu handhaben, unter dem Sattel aber stark, selbständig und mit blitzschnellen, sensiblen Reaktionen, diese besondere Mischung macht das Islandpony so einzigartig. Ein und dasselbe Pferd vermag unter einem starken Reiter voller Lauflust und Lebensfreude, mit überschäumender Energie durch den Wald zu flitzen und wagt kurz darauf vor lauter Vorsicht kaum einen Schritt zu tun, weil sein Reiter ein Kleinkind vor sich auf den Sattel genommen hat. Die manchen anderen Ponyrassen eigene Sturheit wird man in der dort als selbstverständlich hingenommenen Ausprägung beim Islandpferd vergeblich suchen, eine gewisse Selbständigkeit allerdings ist ihnen, trotz allem Respekt vor dem Menschen, eigen. Unter dem Sattel sollen Islandponys den Eindruck von großer Kraft und Mühelosigkeit, von fleißigem und selbstverständlichem Vorwärtsdrang vermitteln, ohne sich je schlecht regulieren zu lassen oder gar triebig zu sein.

Von außen ein echter Hingucker, von innen ein wertvoller Freund: Exterieur und Interieur prädestinieren das Islandpferd zum vielseitig einsetzbaren Familienpferd und setzen seinen Einsatzgebieten nur wenig Grenzen.

Von außen ein Hingucker, innen ein echter Freund.

Islandponys reiten – nur Fliegen ist schöner

Was darf's denn sein?

Getragen vom federnd schwingenden Rücken, sanft durchgeschüttelt vom Getrappel der stakkatoartig auffußenden Hufe, frischen Wind in der Nase und den weit aufgerichteten Ponyhals vor sich, über die Zügelhände die Botschaft „Laß mich laufen!" empfangend: Was kann schöner sein, als im Tölt die ganze Lebensfreude und Lauflust des Isländers ungefiltert zu erspüren? Die Spezialgangart Tölt, für viele Reiter weitaus mehr als der Rennpaß, vermittelt ein einzigartiges Reitvergnügen, hebt das Islandpony aus der Masse heraus, ermöglicht dem Reiter ebensoviel puren Reitspaß wie es ihm Einfühlungsvermögen und Erfahrung abverlangt.

Die Spezialgangarten Tölt und Rennpaß gehören sicher zu den bekanntesten Merkmalen des Isländers, ihre Qualität beeinflußt Zuchtwert, Verkaufschancen, Reiteigenschaften und Turniereignung. Die anderen, „normalen" oder Grundgangarten Schritt, Trab und Galopp stehen zwar weit weniger im Mittelpunkt des Interesses, dürfen aber nicht außer acht gelassen werden. Zum einen wird auch der hochspezialisierte Rennpasser oder Turniertölter Zeit seines Lebens mehr in den Grundgangarten als in seinen Spezialdisziplinen bewegt, zum anderen läßt sich eine Gangart nicht isoliert betrachten, die Gangveranlagung eines Ponys ergibt sich vielmehr aus der Summe der Qualität aller Gangarten. Wer sich in Schritt, Trab und Galopp nicht zu bewegen weiß, wird auch in Sachen Tölt oder Rennpaß nichts auf die Beine – oder vielmehr die Hufe – stellen können. Züchter und Ausbilder legen deshalb Wert auf eine gleichmäßige Gangverteilung und unter Turnierreitern gelten zu Recht die Vier- und Fünfgangprüfungen nach isländischem Vorbild, weniger die reinen Tölt- oder Paßprüfungen, als die Krone der Islandpferdereiterei.

Gangverteilung: Ein Buch mit sieben Siegeln?

Sieben Siegel reichen vermutlich nicht einmal aus: Wenn sich Fachleute über die individuellen Gangveranlagungen ihrer Ponys unterhalten, könnte einem weniger versierten Zuhörer ob der vielen verwirrenden Begriffe schnell die Lust an Tölt und Paß vergehen. „Durchgebrochene Traber" leiden keineswegs an einer Fraktur, „Schweinepasser" sind nicht das Resultat einer standeswidrigen Liaison zwischen Pony und Wildsau und „Naturtölter" schalten nicht automatisch ihren Spezialgang ein, wenn es aus der Reitbahn nach draußen geht. Geht es nicht ein bißchen einfacher?

Jein, denn die Spezialgangarten, ihre gezielte Förderung durch Zucht und Ausbildung sind ein Kapitel für sich. Zunächst sollte der Reiter sich vergegenwärtigen, daß es sich bei den Gangarten Tölt und Rennpaß keineswegs um mystische, nur dem Islandpferd eigene Fortbewegungsarten handelt, sondern um genetisch verankerte und damit vererbbare Eigenschaften wie

Nur wer sich in Schritt, Trab und Galopp zu bewegen weiß, wird auch im Tölt überzeugen.

Haarfarbe oder Größe, die wir auch bei vielen anderen Pferderassen finden: Teils als Zufallsbefund bei einzelnen Pferden – vom Araber bis zum Quarter Horse oder Welsh Cob – teils als rassetypische Gangweise. Die Gangverteilung anderer Rassen ist allerdings mit der des Isländers teils nur bedingt, teils überhaupt nicht vergleichbar.

Im Idealfall verfügt jedes Islandpferd über drei gute Grundgangarten und zeigt zusätzlich ein oder zwei Spezialgänge, wobei der Vorzug der gleichmäßigen Ausprägung aller fünf Gangarten gegeben wird. Beherrschen sie Schritt, Trab, Galopp und Tölt, so bezeichnet man sie als Viergänger, die Kollegen, die außerdem noch Rennpaß gehen, heißen Fünfgänger. Unerwünscht sind Dreigänger, die nur die Grundgangarten zeigen und Ponys mit Tölt und/oder Paß, aber Problemen in den drei Grundgangarten.

Nun unterscheiden sich Isländer nicht nur darin, ob sie Viergänger oder Fünfgänger sind oder eine unerwünschte Kombination von Gängen zeigen, sondern auch in der Art und Weise, wie diese Gangarten jeweils ausgeprägt sind. Im Idealfall sind

- alle Gangarten klar voneinander getrennt,
- alle Gangarten mit unterschiedlichem Gangmaß zu reiten (außer Rennpaß, der wird nur im Renntempo geritten), besonderen Wert legt der Reiter auf eine große Bandbreite an Geschwindigkeit im Tölt,
- alle Gangarten mit Ausdruck, Raumgriff, sauberem Takt, Schwung, Aufrichtung (Tölt) und Aktion (außer Rennpaß, hier wird eine deutliche Streckung verlangt) ausgestattet.

Da die Spezialgangarten Tölt und Rennpaß kennzeichnende und wertvolle Merkmale des Isländers sind, richtet sich das besondere Augenmerk der Islandpferdefreunde vom Freizeitreiter bis zum Zucht- oder Sportrichter auf diese Gänge.

TÖLT

Jeder Islandpferde-Trainer kann Ihnen die Definition der Gangart „Tölt" auswendig vorbeten: „Der Tölt ist ein Viertakt mit acht Phasen", doch den Laien wird diese Erläuterung vielleicht eher verwirren als aufklären. Jede Gangart unterscheidet sich von allen anderen Gängen a.) durch ihren Takt und b.) durch die Art und Weise des Auffußens der Hufe. Gehen Sie in Gedanken die drei Grundgangarten durch, so werden Sie im Schritt einen klaren Viertakt, im Trab einen Zweitakt und im Galopp einen Drei- oder Viertakt erkennen (Dreischlaggalopp oder Vierschlaggalopp). Parieren Sie bitte wieder durch und stellen sich vor, Sie ließen Ihr Pferd Schritt gehen. Beschleunigen Sie aus dieser Gangart, halten aber den Takt bei, so landen Sie beim Tölt, denn bezüglich des Taktes gleichen sich Schritt und Tölt. Allerdings ist der Tölt eine gelaufene Gangart mit hoher Bandbreite der Geschwindigkeit, während der Schritt schreitend gegangen wird und im Tempo nur mäßig gesteigert oder verlangsamt werden kann. Dieses Trippel-Trappel im Tölt ist für den Reiter sehr angenehm zu sitzen, da anders als im Trab jegliche Schwebephase fehlt und der Reiter folglich nicht im Sattel geworfen wird. Der Witz beim Tölt ist nämlich, daß sich immer mindestens ein Pferdebein am Boden befindet, der Isländer also unter Ihnen wuselt, ohne je zu springen. Wer es genau wissen will, sollte sich merken: Beim Tölt wechseln sich Einbeinstützen und Zweibeinstützen ab, die genaue Phasenfolge ist auf den Bildern zu erkennen. Im Idealfall sind die Zeitabstände zwischen dem Auffußen aller Hufe identisch, es entsteht ein gleichmäßiger Rhythmus: 1 – 2 – 3 – 4 – 1 – 2 – 3 – 4 ... .

Wie nun Tölt konkret zu reiten ist, darüber sind schon ganze Bücher geschrieben worden, einheitliche Hilfen zum Tölten jedes Ponys gibt es nicht: Draufsetzen und lostölten ist nicht! Stellen Sie sich vor, Sie hätten beim Hochschalten aus dem Schritt zwei Möglichkeiten: Trab oder Tölt. Zum

Eine Wissenschaft für sich: die Phasenfolge im Tölt! Sie beginnt mit der Einbeinstütze hinten links ...

... die in die Einbeinstütze hinten rechts übergeht ...

Antraben werden Sie die Vorhand Ihres Ponies eher belasten und mit nachgebender Zügelhand beschleunigen, zum Antölten dagegen muß die Vorhand entlastet werden, während das Pferd ganz leicht gegen die Hand getrieben wird. Es richtet sich auf, setzt sich mit der Hinterhand, die Vor-

… gefolgt von einer lateralen Zweibeinstütze …

… an die sich die Einbeinstütze vorne links anschließt …

… welche von der diagonalen Zweibeinstütze abgelöst wird …

… die wiederum von der lateralen Zweibeinstütze gefolgt wird …

… mit einer Einbeinstütze vorne rechts weitergeht und schließlich …

… in der diagonalen Zweibeinstütze endet … Dann geht es vorne wieder los!

hand wird frei und – voilà, Ihr Pony töltet an. Durch sanft annehmende und nachgebende Zügelhilfen, energische Schenkelhilfen und belastenden Sitz halten Sie Ihr Pony im Tölt, ohne jedoch mit dem Zügel zu rupfen, den Schenkeln zu klopfen oder sich im Sattel nach hinten zu lehnen.

Töltvergnügen pur: Uli Reber testet als Reiter-Richter den Hengst Vikingur vom Wendalinushof.

Beim Rennpaß geht die Post ab: Birga Wild und ihr Hreinn.

Vielseitiger geht's nicht!

Was kann Ihr Pony? Vielleicht sollten Sie besser fragen, was es nicht kann, denn Isländer sind ausgesprochen vielseitig veranlagte und genutzte Ponys. Zwar geht der Trend der letzten Jahre einseitig vermehrt in Richtung Gangpferde-Turniersport, doch sind Ihrer Phantasie, Ihrem Ehrgeiz und Ihren Neigungen nur wenig Grenzen gesetzt. Was also kann er nicht, Ihr Isi?

Das ist schnell gesagt: Kennen Sie den Reitsport bislang überwiegend aus den Sportsendungen im Fernsehen, so sind Ihnen die Disziplinen „Dressur", „Springen" und vielleicht auch „Fahren" und „Military" (Vielseitigkeit) sicher geläufig. All´ dies können Sie sich abschminken, Ihr Isländer wird in keiner dieser Disziplinen gegen Warmblüter konkurrieren können – und Sie es nicht wollen! Ansonsten gibt es aber nicht viel, was er nicht kann.

Dressurreiten mit Islandpferden – ja, bitte!

Rennpass

Rennpaß und der verpönte „Schweinepaß" sind zwei Paar Stiefel: Das eine eine rasante Spezialgangart für spritzige Pferde und ihre Reiter, das andere ein Kennzeichen des schwach veranlagten oder schlecht gerittenen, verspannten Pferdes. Paß wird beim Islandpony nur im Renntempo geritten. Die Pferde werden meist aus dem Galopp in den Rennpaß „gelegt", also angaloppiert, dann durch eine halbe Parade kurz zurückgenommen und sofort mit nachgebender Hand in den Paß entlassen und energisch getrieben. Auf den ersten Blick scheint der Rennpaß eine Gangart mit einem deutlichen Zweitakt und vier Phasen zu sein, ähnlich dem Trab. Beide Gliedmaße einer Seite werden gleichzeitig vorgeführt, fußen zum selben Zeitpunkt auf und stoßen sich ab. Es folgt eine Schwebe- oder Sprungphase, bei der sich alle vier Füße in der Luft befinden, gefolgt vom gleichzeitigen Auffußen des anderen Beinpaares. Während beim Trab diagonale Zweibeinstützen und Schwebephase einander abwechseln, sind es beim Rennpaß laterale Zweibeinstützen und Sprungphase. Mit dem bloßen Auge kaum zu erkennen, ergeben sich beim genauen Hinsehen oder bei der Analyse von Fotoaufnahmen in Wirklichkeit aber acht Phasen, da die lateralen Beinpaare eben nicht genau gleichzeitig aufsetzen, sondern mit einer kurzen Verzögerung. Auf manchen Bildern läßt sich deshalb an der Beinstellung alleine nicht erkennen, ob das Pferd nun Tölt oder Paß geht. Das korrekte und harmonische Reiten von Rennpaß ist eine Kunst, die nur wenigen Reitern wirklich hervorragend gelingt, unschöne Bilder vor allem während des Legens sind leider keine Seltenheit.

Dressur: Nun, Sie werden keine internationalen Lorbeeren in S-Dressuren ernten, sollten und können Ihren Isländer im Rahmen seiner Möglichkeiten dennoch dressurmäßig ausbilden und reiten, selbst wenn Sie nicht auf Turnieren starten. Die Dressurprüfungen des konventionellen Turniersportes sind ganz auf Warmblüter und deren typisches Gangwerk ausgerichtet,

Isländer mit ihrer völlig anderen Anatomie und Gangveranlagung könnten da nicht mithalten. Die Dressurprüfungen des Gangpferde-Turniersportes berücksichtigen jedoch die Besonderheiten des Islandponys und stellen für alle Reiter eine sinnvolle Herausforderung dar. Abseits des Turnierplatzes bildet die dressurmäßige Ausbildung auf jedem Niveau die Basis korrekten und schönen Reitens. Die sinnvolle Gymnastizierung Ihres Ponys fördert die Lockerheit, Geschmeidigkeit und gute Bemuskelung, die Sie auch für das Töltreiten benötigen.

Kleine Natursprünge werden beherzt angegangen.

SPRINGSPORT: Gesprungen wird mit Islandponys weniger im Parcours, über mächtige und hochweit dimensionierte Hindernisse, sondern vor allem im Gelände über natürliche Sprünge. Aufmerksam und auf sicheren Hufen wird Ihr Isländer Sie durch unwegsames Gelände tragen und vor ein paar Sprüngen über Baumstämme, Gräben oder tiefe Pfützen nicht zurückschrecken. Eine sinnvolle Ausbildung daheim über Stangen, Cavaletti und niedrige Sprünge schult Aufmerksamkeit, Rückentätigkeit und Schnellkraft Ihres Isländers und kann sowohl seine Aktion als auch seinen Raumgriff verbessern.

FAHRSPORT: Viele Isländer gehen, wie es sich für fleißige und intelligent mitarbeitende Ponys gehört, ausgesprochen gut vor der Kutsche, meist einspännig vor kleinen Einachsern. Oft entdecken nichtreitende Familienmitglieder auf dem Umweg über das Fahren doch noch ihre Liebe zum Pferd. Im Fahr-Turniersport spielen Isländer allerdings kaum eine Rolle.

WESTERNREITEN: Anders als die Pony-Kollegen der Rassen Haflinger und Norweger werden Isländer nur sehr selten westernmäßig geritten.

KLASSISCHES/BAROCKES/SPANISCHES REITEN: Auch hier: Fehlanzeige!

DISTANZSPORT: In der Anfangszeit des Distanzsportes waren Isländer **die** Distanzpferde, heute geht ihre Bedeutung in dieser Szene zurück. Die im Vergleich zu anderen Rassen oft hohen Atemwerte nach Anstrengungen, bedingt durch eine langsamere Wärmeabgabe, machen sie wenig konkurrenzfähig. Geht es dem Islandpferdereiter allerdings mehr um das ursprüngliche Motto des Distanzsportes „Angekommen ist gewonnen", wird er durch sehr viel Freude und so manches Erfolgserlebnis belohnt. Als ausgesprochenes Langstreckenpferd, das sich auch durch unbekannte Umgebung, fremde Pferde oder allerlei Aufregung nicht aus der Ruhe bringen läßt, bringt der Isländer ideale Voraussetzungen für das Reiten langer Distanzen mit. Oft werden spezielle Töltdistanzen oder kurze Ritte für Einsteiger angeboten, die über Entfernungen von 30 km führen und intensiv betreut sind, schnuppern Sie doch einfach mal rein!

GELÄNDERITTE: Das Gros der Islandpferdereiter bewegt seine Ponys im Gelände. Vom Turniercrack bis zum Familienpony, frisch-fröhliches Vorwärtsreiten auf abwechslungsreichem Geläuf erhält die Lauffreude und Mitarbeit Ihres Ponys, stures Reiten in der Halle oder auf der Ovalbahn produziert dagegen ganz schnell „bahnsaure" Isländer. Alle Gangarten und sämtliche Dressurübungen können ebensogut, teils sogar besser im Gelände geübt werden.

Frisch-fröhliche Geländeritte sind für Islandponys und ihre Reiter das größte.

WANDERREITEN: Wanderritte mit ihrem Islandpony gehören für viele Reiter zu den schönsten, unvergeßlichen Erlebnissen ihres Reiterlebens.

In der Gesellschaft von Gleichgesinnten geruhsam die Natur in ihrer ganzen Vielfalt erlebend, getragen von einem zuverlässigen Freund, vielleicht begleitet von einem Packpferd oder einem jungen Isländer als Handpferd, kommt so manche gestreßte Seele zur Ruhe. Isländer halten übrigens auch auf längeren Ritten problemlos mit langbeinigeren Kollegen mit, so daß gemischtrassige Gruppen kein Problem sind.

Die besten Jahreszeiten für ausgedehnte Ritte sind Frühjahr und Herbst, im Hochsommer machen Reiter und Pferd die große Hitze und Insektenplage oft sehr zu schaffen.

Wanderritte auf Island werden seit Jahren immer beliebter und sind natürlich noch ein ganzes Stück rustikaler und abenteuerlicher als Ritte in unserem zahmen Mitteleuropa.

Die meist gut organisierten, professionell geleiteten Touren führen durch landschaftlich sehr reizvolle Gebiete. Frei mitlaufende Ersatzpferde erhöhen den Reiz dieses wohl einmaligen Reiterlebnisses.

ZIRZENSIK: Ausbilder und Freizeitreiter nutzen zirzensische Übungen, Freiheitsdressur oder die Arbeit am Langzügel in ihrem täglichen Training.
Auch im Turniersport können sich die Individualisten unter den Reitern und Ponys in eigenen Show-Prüfungen vor Publikum zeigen.

GANGPFERDE-TURNIERSPORT: Inzwischen zieht es immer mehr Reiter zum Turniersport, der sich von ersten, zaghaften informellen Anfängen zu einem gut geölten System entwickelt hat. International halten deutsche Reiter und Pferde längst auf höchster Ebene mit und auch um den Nachwuchs muß sich niemand Sorgen machen. Allerdings weisen das um sich greifende Konkurrenzdenken schon bei den jüngsten Teilnehmern, das Reiten mehr gegeneinander als miteinander, zunehmende Hinweise auf unerlaubte oder zumindest ethisch zweifelhafte Ausbildungsmethoden und vor allem die einseitige Orientierung zum Turniersport darauf hin, daß diese Entwicklung nicht nur zur Freude Anlaß gibt. Die Sportordnung des IPZV sieht zahlreiche Prüfungen vor, deren Schwerpunkt in dem Reiten der Spezial- und Grundgangarten in unterschiedlichen Kombinationen und auf verschieden hohem Niveau liegt. Die Ovalbahn, eine rundovale, eingezäunte Bahn mit festem, federndem Untergrund wird für die meisten dieser Prüfungen genutzt, die Gangart Rennpaß wird teilweise auf speziellen Paßbahnen oder Ovalbahnen mit gerader Verlängerung (P-Schenkel) gezeigt. Dressurprüfungen – hier heißen sie „Gehorsamsprüfungen" – sowie Reiterprüfungen etwa analog den Reiterwettbewerben des konventionellen Turniersportes eignen sich auch für Pferde, die weder Tölt noch Paß zeigen. Geländeprüfungen, Showdarbietungen, Galopprennen und andere Disziplinen tragen dazu bei, daß die vielseitig veranlagten Ponys nicht zu kurz kommen.

Isländer können problemlos mit größeren Pferden mithalten.

Ein Isländer kommt ins Haus

Ein paar Gedanken vor dem Kauf garantieren, daß Sie danach auch wirklich Ihr Traumpferd am Führstrick halten.

Ihr Islandpony möchte gerne in einem geräumigen Offenstall in Gesellschaft leben.

Ist – verzweifelt gesucht!

Islandponys gibt es wie Sand am Meer: Der Kaufinteressent verzweifelt oft nicht am Mangel, sondern an der Fülle von Angeboten. Vom Fohlen bis zum Weltmeister, von ganz billig („Platz vor Preis") bis superteuer (die Preise für Spitzenvererber oder Weltklassesportpferde gehen in die Zehn – bis Hunderttausende!) ist alles zu haben. Um das Angebot sinnvoll einzugrenzen und um vor allem nach dem Kauf auch genau das Pferd am Führstrick zu halten, das Sie sich ursprünglich gewünscht haben, sollten Sie vor der Suche nach „Ihrem" Vierbeiner deshalb in sich gehen.

Vor dem Kauf

Vor dem Entschluß, ein Islandpony – oder irgendein anderes Haustier – zu erwerben, stehen selbstkritische Überlegungen. Es muß geklärt werden, ob der zukünftige Pferdebesitzer finanziell und organisatorisch in der Lage ist, auch langfristig die Verantwortung für ein seiner Obhut anvertrautes Lebewesen zu übernehmen, ob das Pony artgerecht untergebracht werden kann – vor allem in Ballungsgebieten ein Problem – und ob, je nach Wissen und Erfahrung des Reiters, die so notwendigen Fortbildungsmöglichkeiten für Mensch und Pferd (Reitkurse, Korrekturberitt) bestehen.

Ist ein Stall vorhanden, in dem der Zukünftige ein artgerechtes Leben führen kann, also eine Haltung in der Gruppe, im Offenstall oder auf der Weide angeboten wird? Ist der Stall für Sie auch auf längere Sicht gut zu erreichen und bezahlbar? Reicht der finanzielle Rahmen für Wurmkuren, Impfungen und Hufbeschlag? Ist ein Notgroschen von mindestens DM 2.000,00 für zusätzlich anfallende Tierarztrechnungen vorhanden? Reicht das Geld für einen guten Sattel samt Zubehör und Zaumzeug (Sattel ca. DM 2.000,00, Sattelzubehör DM 500,00, Gebiß und Zaumzeug DM 300,00)? Können im Notfall Freunde oder pferdekundige Familienmitglieder einspringen, das Pony bewegen und pflegen, falls der Pferdebesitzer längerfristig ausfallen sollte? Reichen die Kenntnisse des zukünftigen Besitzers aus, um eigenverantwortlich die Sorge für einen Isländer zu übernehmen?

Nicht zuletzt muß sich der Reiter vor Beginn der Suche nach dem passenden Pferd darüber klar werden, welche Eigenschaften sein Traumisländer aufweisen sollte und wieviel er kosten darf. Diese Merkmale bestimmen mit darüber, wo dieses Pferd am wahrscheinlichsten zu finden sein wird. Eine kleine Checkliste kann Ihnen helfen, aus dem Pool der verkäuflichen Ponys die passenden Angebote herauszufiltern.

Ein Beispiel:

Voraussetzungen auf Seiten des Pferdehalters:
- Reitpferd der Mutter, reitet seit 20 Jahren, bis vor kurzem überwiegend Warmblüter
- Tochter möchte auch reiten, Reitunterricht seit 1 Jahr, etwas ängstlich
- Stall mit Gruppenauslaufhaltung vorhanden, Wallachgruppe mit 5 Pferden, Weidegang im Sommer, sauberer und großzügig angelegter Offenstall mit Sandauslauf im Winter
- Reitunterricht durch IPZV Trainer B am Stall, außerdem regelmäßig Kurse mit verschiedenen IPZV Trainern A und anderen Ausbildern
- Finanzieller Rahmen mehr als ausreichend

Passendes Pferd:
- Wallach
- Alter ab sieben Jahre, bis 12 Jahre
- Gut geritten, läßt sich auch von unsicherem Reiter nicht verwirren
- Viergänger mit gleichmäßiger Gangveranlagung, Trab gut zu sitzen
- Freundlicher Charakter, gutmütig, nicht zu temperamentvoll
- Kein Sommerekzem
- Darf bis DM 10.000 kosten

Seien Sie sich bewußt, daß eine Vielzahl von Faktoren ein Pferd zu dem machen, was es ist und daß Sie alle diese Punkte bedenken, beim Kauf in Erfahrung bringen und berücksichtigen müssen:

- Die Abstammung, also das von Vater und Mutter stammende Erbgut
- Die Aufzuchtbedingungen, die Charakter, Gesundheit, Entwicklungszustand und Temperament beeinflussen
- Die Art und Weise sowie der Inhalt der bisherigen Ausbildung
- Die jedem Pferd eigene Persönlichkeit als Summe dieser und anderer Faktoren.

Irgendwann macht es „Klick" und Sie sind Auge in Auge mit Ihrem Traum-Isländer!

Könnte so auch Ihr Traumpferd aussehen?

Das schöne, windfarbene Pferd mit der ellenlange Mähne, das leider allein aufgewachsen ist, dürfte sich ebenso als Fehlkauf erweisen wie der hervorragend veranlagte, gut entwickelte und deshalb mit dreieinhalb Jahren unter den Sattel genommene zukünftige Sportcrack oder das innerhalb von sechs Wochen turnierreif zugerittene Jungpferd. Alles abgeklärt? Dann kann es ja losgehen!

Kauf eines ungerittenen Pferdes beim Züchter

Ungerittene Pferde sind heute wenig gefragt, da nur wenige Freizeitreiter über ausreichend Wissen und Erfahrung verfügen, um ein junges Pferd sachgerecht aufzuziehen und einzureiten oder weil sie aus anderen Gründen ein sofort uneingeschränkt reitbares Pony wünschen.

Nur sehr erfahrene Fachleute sind in der Lage, schon beim jungen Pony eine einigermaßen verläßliche Aussage über dessen spätere (Reit)Eigenschaften zu wagen. Trotzdem spricht einiges für den Kauf eines ungerittenen Isländers, denn wenn Sie ein junges Pony erwerben und die nötige Geduld aufbringen, haben Sie die Zukunft Ihres Vierbeiners fortan selbst in der Hand. Sie bestimmen über die Art und Weise der Aufzucht, über den Beginn ernsthafter Arbeit, den ersten Hufbeschlag, Sie wählen den Ausbilder, legen fest, wann Ihr Pony unter den Sattel kommt und wie sich seine Grundausbildung gestaltet. Weil heutzutage manche frohwüchsigen, gut veranlagten Ponys verfrüht angeritten werden, spricht dieser Faktor für den Kauf eines ungerittenen Pferdes, da Art und Zeitpunkt des Einreitens ganz entscheidend über die langfristige Gesundheit und seelische Entwicklung Ihres Isländers bestimmen. Allerdings sollten Sie davon absehen, Ihr Jungpferd aus der Aufzuchtherde zu nehmen und fürderhin bequem hinterm Haus, vielleicht noch mit einem freundlichen älteren Pferd aufzustallen: Der Platz Ihres vierbeinigen Springinsfelds ist in der Herde, in der Gesellschaft vieler, gleichaltriger Artgenossen, auf der gepflegten Weide und im großzügig angelegten Offenstall!

Sollten Sie sich für den Erwerb eines ungerittenen Jungpferdes entscheiden, müssen Sie sich vor allem dessen Eltern und (Voll)Geschwister ganz genau und möglichst auch unter dem Sattel ansehen, um eine Vorstellung zu bekommen, wie Ihr hoffnungsfroher Nachwuchs sich vermutlich entwickeln wird. Versichern Sie sich beim Kauf der Hilfe eines unabhängigen Experten, der sich mit Islandpferden auskennt und möglichst selbst Züchter oder Ausbilder ist. Lassen Sie eine Ankaufsuntersuchung inklusive Röntgen durchführen, denn Jugend allein ist keine Garantie für Gesundheit.

Die Beurteilung von Jungpferden ist eine Sache für den Fachmann.

Viele versierte Ausbilder züchten auch.

Züchter bieten öfter auch ältere, wenig oder gar nicht gerittene Stuten relativ preisgünstig zum Verkauf an, weil diese aus unterschiedlichen Gründen aus der Zucht genommen werden. Diese Ponys müssen zunächst weiter ausgebildet werden, bevor sie als Freizeitpferde einsetzbar sind. Wer bereit ist, noch eine Weile auf sein Reitvergnügen zu verzichten und eine solche ältere Zuchtstute einem versierten Ausbilder übergibt, kann ein ausgesprochenes Schnäppchen machen, eine Ankaufsuntersuchung sollte aber auch hier, wie bei jedem Pferdekauf, obligatorisch sein.

Kauf eines gerittenen Pferdes beim Züchter oder Ausbilder

In der Islandpferdeszene sind Züchter oft auch Ausbilder und Ausbilder Züchter. Dies liegt sicher zum Teil daran, daß sich ungerittene Pferde schlecht verkaufen lassen und der Züchter deshalb auf den Früchten seiner Bemühungen sitzenbleiben würde, könnten sie nicht (an)geritten zum Kauf angeboten werden. Viele Züchter stellen die Nachkommen ihrer Hengste zunächst auf Materialprüfungen für ungerittene Pferde vor und reiten sie an, wenn sie viereinhalb geworden sind – hoffentlich nicht früher. Die Verkaufspferde dürften also überwiegend zwischen viereinhalb und fünfeinhalb Jahre alt sein, hoch veranlagte Pferde werden oft länger behalten, auf Turnieren vorgestellt und dann erst – teurer – verkauft.

Der Kauf eines gut gerittenen Pferdes beim seriösen Züchter ist in den meisten Fällen der empfehlenswerteste Weg. Beide Elterntiere sowie oft zahlreiche, bereits gerittene Geschwister des zum Verkauf stehenden Ponys sind vor Ort zu begutachten, der oder die Zukünftige kann ohne Zeitdruck mehrmals besucht werden, nach dem Kauf steht der Züchter und Ausbilder in den meisten Fällen als engagierter, interessierter Ansprechpartner zur Verfügung, sollten Probleme auftauchen oder das Pferd zur weiteren Ausbildung gebracht werden. Manche Züchter geben bei ihrer Nachzucht sogar eine Garantie auf Ekzemfreiheit und empfehlen sich damit als besonders vertrauenswürdige Verkäufer.

Der Kauf auf Auktionen birgt gewisse Risiken in sich.

Kauf auf Auktionen

Der Kauf auf Auktionen, obgleich dort so manches vierbeinige Schnäppchen zu haben ist, sollte absoluten Pferdefachleuten vorbehalten bleiben. Zwar werden seit ein paar Jahren Islandponys zunehmend auch über Auktionen vermarktet, doch bringt der Kauf eines Pferdes im Rahmen einer solchen Veranstaltung mehrere Nachteile mit sich. Gemütliches, intensives und ruhiges gegenseitiges Beschnuppern von Pferd und Mensch entfällt, mehrere Proberitte in Bahn und Gelände sind nicht möglich, statt dessen ist der Reiter gezwungen, sich anhand eines kurzen Rittes, meist nur in der Bahn – als Nr. xy der an diesem Pferd interessierten – und seiner Beobachtungen des Ponys unter anderen Reitern schnell ein Urteil zu bilden, Eignung und Preiswürdigkeit zu beurteilen. Zu dieser nicht unerheblichen Unsicherheit kommt das Risiko hinzu, daß die auf der Auktion angebotenen Pferde aufgrund der damit verbundenen Belastung erkranken. Anders sieht die Sache aus, wenn bei einer Auktion ausschließlich Ponys eines Anbieters zum Verkauf stehen, da hier der größte Streß entfällt und der Käufer vielleicht die Gelegenheit hat, alle Isländer des Lots vor dem Auktionstermin in Ruhe kennenzulernen.

Kauf vom privaten Anbieter

Es gibt viele legitime Gründe dafür, sich von seinem eigenen, geliebten Pony zu trennen: zunehmender Schulstreß, berufliche Belastungen, Schwangerschaft, schwere Erkrankungen oder auch einfach neue Interessen, die das Reiten in den Hintergrund drängen. Dann ist es nicht nur vertretbar, sondern Pflicht, sich von seinem Isländer zu trennen und ihm in anderen Händen ein besseres Leben zu ermöglichen, als man es selbst bieten kann. Ponys jeden Alters, jeden Geschlechts und jeder Veranlagung sind auf dem privaten Markt zu haben, allerdings gestaltet sich die Suche nach dem passenden Vierbeiner um einiges aufwendiger als beim Besuch eines Züchters oder Ausbilders. Nicht viele verschiedene, sondern in der Regel nur ein einziges Pferd kann je Termin begutachtet werden, direkte Vergleiche entfallen naturgemäß. Dafür aber kann der bisherige Besitzer ausführlich über Herkunft, Aufzucht, Haltung, Reiteigenschaften und Charakter Auskunft erteilen und wird dies auch gerne tun. Hat man selbst Pluspunkte wie artgerechte Haltung, viel Reiterfahrung und eine freundliche Zügelhand aufzuweisen, stehen die Chancen gut. Auch wenn zwischen altem und neuem Besitzer die Chemie stimmt, ist ein ordentlicher Kaufvertrag Pflicht, eine Ankaufsuntersuchung ein absolutes Muß.

Kauf eines Schulpferdes

Jedem Schulpferd ist es zu wünschen, daß es früher oder später einen Menschen ganz für sich hat und so manche im Reitbetrieb

Es kann der Tag kommen, an dem man sich von seinem Freund trennen muß.

Schulpferde empfehlen sich besonders als Kinder- oder Familienponys.

eingenudelte Schlafmütze wacht auch im fortgeschrittenen Alter in Privathand wieder auf und entwickelt sich zum gehfreudigen Temperamentsbolzen. Schulpferde empfehlen sich für Reiter mit eher kleinem Geldbeutel und ohne großen Turnierehrgeiz ebenso wie als Erst-Pony für Familien oder Kinder. Geduldig ertragen sie die oft unsicheren, widersprüchlichen Hilfen von Reitanfängern und lassen wahre Putzorgien ebenso friedlich über sich ergehen wie Kindergeschrei und Hundegebell. Bei der Ankaufsuntersuchung müssen eventuell ein paar Abstriche gemacht werden, denn nach vielen Jahren Schulbetrieb können die Gliedmaßen Abnutzungserscheinungen aufweisen. Um seine Untersuchungsergebnisse beurteilen zu können, muß Ihr Tierarzt genau über den zukünftigen Einsatz des Ponys informiert werden, denn leichte Veränderungen behindern nicht zwangsläufig ein Leben als Reitpferd von Kindern oder leichten Erwachsenen. Der Kaufinteressent muß zudem bedenken, daß diese Pferde bislang fast ausschließlich in der Gruppe geritten wurden und deshalb anfangs Probleme machen können, sollen sie alleine im Gelände oder in der Bahn bewegt werden.

Import aus Island

Der Direktimport aus Island kommt den einzelnen Privatmenschen zu teuer, meist reisen kommerzielle Anbieter regelmäßig nach Island und kaufen bei verschiedenen Betrieben Ponys ein, die dann gemeinsam verschifft und auf dem Kontinent verkauft werden. Sowohl der Transport als auch das ungewohnte Klima belasten die Importpferde in der ersten Zeit, viele erkranken („Transporthusten") oder haben langfristig Probleme mit schwül-warmem Wetter, sie leiden unter Fieber oder Kreislaufproblemen. Der Risikofaktor „Sommerekzem" ist bei Importpferden nicht abzuschätzen, ungefähr jeder dritte Original-Isländer leidet später darunter. Oft bricht das Ekzem nicht, wie häufig angenommen, im zweiten Sommer auf dem Festland aus, sondern erst einige Jahre später. Züchter sind wohl auch in Zukunft darauf angewiesen, aus dem großen Genpool der Insel frisches Blut zu importieren, bei Privatleuten spielt dieser Faktor keine Rolle. Trotzdem bevorzugen viele Reiter Isländer aus dem Ursprungsland, da diese aufgrund der besonderen Aufzuchtbedingungen bestimmte, schwer definierbare Charaktereigenschaften aufweisen, die von manchen sehr geschätzt werden. Mehr Respekt vor dem Menschen, eine größere Instinktsicherheit und mehr Lauffreude wird ihnen nachgesagt, ob zu Recht, sei dahingestellt. Ob man dem Pony einen Gefallen damit tut, es aus dem rauhen Klima und der beinahe grenzenlosen Freiheit in die hiesigen, beengten Verhältnisse zu verpflanzen, ist fraglich, denn die Umstellung ist eine gewaltige.

Zweibeinige Isländer importieren oft regelmäßig vierbeinige Isländer aus ihrem Heimatland.

Hestar

Jenseits des Gatters
an endlosen Tagen
stehn sorglose Pferde.
Gräser sie nagen.

Mal hebt sich ein Kopf
kurz, um zu schauen,
und senkt sich dann wieder
zum Kauen …

Artgerecht und pferdefreundlich

Islandpferde gelten als Robustpferde schlechthin, doch „robust" ist nicht gleichzusetzen mit „anspruchslos". Ihr Isländer hat grundsätzlich dieselben Ansprüche oder Bedürfnisse wie seine warmblütigen Kollegen, wie jeder Angehörige der Gattung „Equus": das Bedürfnis nach Licht, Luft, Bewegung und der Gesellschaft von Artgenossen. Diese elementaren, im Wesen des Pferdes unveränderbar festgelegten Bedürfnisse müssen unbedingt durch entsprechende Haltungsformen, insbesondere die Gruppen-Auslaufhaltung befriedigt werden. Daneben sorgt der Islandpferdefreund durch sachgerechte Fütterung, regelmäßige Hufpflege und die notwendigen Impfungen und Wurmkuren für Gesundheit und Wohlbefinden seines Vierbeiners.

Offenstall: Hier ist gut Pferd sein!

Gruppen-Auslaufhaltung

Meist bezeichnet man die Gruppen-Auslaufhaltung auch einfacher als Offenstall - oder Robusthaltung und meint damit eine Aufstallung, bei der

- das Pferd dauernd in der Gruppe bzw. in der Herde gehalten wird,
- der Gruppe ein ständig zugänglicher Unterstand oder Stall sowie eine Auslauffläche zur Verfügung steht und alle Pferde somit
- ihren Aufenthaltsort frei bestimmen können (drinnen oder draußen) und
- sich dabei selbständig nach Gutdünken Bewegung verschaffen.

Wie eine solche Offenstallanlage konkret gestaltet wird, hängt von der Größe der Gruppe, dem Geldbeutel des Betreibers und den speziellen Wünschen der Besitzer ab. Werden einzelne Funktionsbereiche getrennt und die Pferde über ausgeklügelte Wege dazwischen gelenkt, so bezeichnet man dies als Bewegungsstall. Meist aber beschränkt man sich auf eine schlichte Zweiteilung in

- einen überdachten, eingestreuten Bereich, der als Liegefläche dient und in dem auch gefüttert wird und
- einen offenen Bereich, der als Bewegungsraum oder ebenfalls als Schlafplatz genutzt wird.

Im Unterstand steht den Pferden eine große, trockene Liegefläche mit einer Einstreu aus Stroh, Spänen oder einem warmen Bodenbelag (Holzpflaster, Gummimatten) zur Verfügung. Die Liegefläche muß so bemessen sein, daß sie alle Pferde aufnehmen kann. Ebenfalls unter Dach ist der Freßplatz angelegt. Für große Herden und quadratische Anlagen sind Rundraufen zu empfehlen, die mit Rundballen von Heu, Silage oder Stroh zu befüllen sind. Kleine Gruppen oder Anlagen mit langrechteckigem Grundriß bauen oft Freßständer ein, indem an der Längsseite ein Gitter mit dahinterliegendem Futtertisch konstruiert wird. Hinten verschließbare Ständer gewährleisten, daß jedes Pony die ihm zugedachte Portion erhält. Nach dem Befüllen des Futtertisches treten die Ponys in die Ständer, diese werden geschlossen und jeder verzehrt nun seine Portion, ohne gestört oder verjagt zu werden.

Die Öffnung des Stallgebäudes zum Auslauf sollte nach Süden ausgerichtet sein und darf keinesfalls der Wetterseite zugekehrt liegen. Sie muß so konstruiert werden, daß alle Ponys den Stall jederzeit nach Belieben betreten oder verlassen können. Das bedeutet, daß diese Seite entweder ganz offen ist (dreiseitig geschlossener Stall) oder mindestens zwei (Gruppen ab zwei Pferden) oder mehr Türen eingebaut sind. Sonst stellt sich nämlich ein übellauniger, ranghoher Zeitgenosse stur quer vor den einzigen Eingang und läßt keinen mehr rein oder raus.

Der Außenbereich sollte über eine gute Drainage verfügen. Er ist großzügig mit Sand oder Rindenschnitzeln befüllt, in manchen Ställen auch teilweise oder ganz befestigt (Rasengittersteine). Auch bei intensiver Pflege ist damit zu rechnen, daß die oberste Schicht alle paar Jahre ausgebaggert und neu befüllt werden muß, da sich mehr und mehr Kot in den Belag mischt und der Belag außerdem zertreten (Schnitzel) oder zu stark verdichtet (Sand) wird.

Keine Regel ohne Ausnahme: Für den Notfall sollten Boxen bereitstehen.

Die Zusammensetzung der Gruppen muß mit Bedacht erfolgen und sich, wo möglich, am natürlichen Verhalten, an individuellen Freundschaften der Ponys orientieren. In der Praxis haben sich folgende Konstellationen besonders bewährt:

- reine Stutenherden,
- kleine Stutengruppen mit einem Wallach,
- reine Wallachherden oder Herden mit Wallachen und Hengsten,
- kleine, gemischte Herden mit möglichst paariger Anzahl Stuten und Wallache.

Je homogener diese Gruppen bezüglich Geschlecht und Alter, desto verträglicher und zufriedener sind die Ponys untereinander. Selbstverständlich gewöhnen sich auch anders zusammengesetzte Gruppen gut aneinander, solange genügend Platz zum Ausweichen ist.

Keine Regel ohne Ausnahme: Ab und an müssen auch Islandponys einzeln aufgestallt werden, beispielsweise bei einer Erkrankung, einer ernsten Lahmheit oder starkem Sommerekzem. Auch über Winter intensiv gearbeitete Ponys können nicht so ohne weiteres nach dem Training wieder in den Offenstall entlassen werden, da sie durch ihr dickes Winterfell stark schwitzen und stundenlang nicht abtrocknen. Deshalb sollte jede Offenstallanlage für solche und andere Fälle Vorsorge treffen und einige Notboxen bereithalten oder den Stallbereich so konstruieren, daß schnell ein Bereich abgetrennt werden kann. Die heute auf vielen, auch namhaften Höfen anzutreffende Praxis, Turnierpferde und Hengste außerhalb der Decksaison dauerhaft und ohne Freigang in Einzelboxen zu sperren, ist aus Sicht des Islandpferdefreundes zu verurteilen.

Hält Leib und Seele zusammen

Richtiges Futter ernährt Ihren Isländer nicht nur gesund, sondern hält ihn auch bei Laune. Eine auf Rauhfutter bester Qualität in großzügigen Mengen basierende Rationsgestaltung entspricht den Bedürfnissen Ihres Ponys, da seine Verdauungsorgane und sein Verhalten auf den Verzehr größerer Mengen voluminöser, wenig gehaltvoller Nahrung eingerichtet sind.

Rauhfutter dient als Ernährungsgrundlage, liefert den größten Teil der benötigten Nährstoffe und genügend Ballaststoffe für eine funktionierende Verdauung. Rauhfutter heißt deswegen so, weil seine rauhe, also grobe Struktur für diese Futtermittel (Heu, Stroh, Gras, Silage, Heucobs) typisch ist. Es empfiehlt sich, allen Ponys zu jeder Zeit Rauhfutter zur freien Aufnahme zur Verfügung zu stellen, da dies ihren Bedürfnissen am weitesten entgegenkommt. Dabei kann die Heuzufuhr auf ein bis eineinhalb Kilo pro 100 kg Lebendgewicht beschränkt und Stroh zusätzlich gereicht werden. Ein Minerallleckstein versorgt die Vierbeiner mit Mineralstoffen und Spurenelementen, im Winter hilft ein Vitamingemisch über die harte Zeit. Islandpferde sind ausgesprochen gute Futterverwerter und benötigen nur dann zusätzlich größere Mengen an Kraftfutter, wenn sie intensiv geritten werden oder im Zuchteinsatz stehen. Kraftfutter sollte deshalb nicht großzügig, sondern nur bei Bedarf und in geringen, berechneten Mengen zugeteilt werden. Weitere Futterzusätze sind nur nach Maßgabe eines Tierarztes, bei besonders beanspruchten oder kranken Pferden zu füttern.

Der sommerliche Weidegang wird im Frühjahr durch das Anweiden vorbereitet. Nach der Rauhfutteraufnahme erhalten alle Pferde zunächst halbstundenweise und dann täglich ein bißchen länger Zugang zur Weide. Sie gewöhnen sich so allmählich an das junge, gehaltvolle Gras. Die optimale Weide ist langrechteckig geschnitten, verfügt über ausreichend Schutz gegen Sonne und schlechtes Wetter, einen gut gepflegten, vielfältigen Aufwuchs und ist sicher und sichtbar eingezäunt. Bewährt haben sich Kombinationen aus Holz- und Elektrozaun oder reine Elektrozäune mit besonders gut sichtbaren Bändern oder Seilen. Werden mit Stacheldraht eingezäunte Weiden gepachtet und darf der Draht nicht entfernt werden, ist in sicherem Abstand

Eldur: Ein ganzer Kerl, dank artgerechter Haltung und guter Fütterung.

Vorsichtiges Anweiden verhindert Durchfall und Rehe.

innen ein zweiter Zaun zu setzen. Keine Weide ohne Wasser: Eine frei zugängliche, ausreichend dimensionierte Wasserstelle ist nicht nur im Hochsommer lebenswichtig. Die tägliche Kontrolle gehört zum Weideidyll dazu: Sind alle Pferde gesund und munter? Hat der Zaun genügend Strom? Ist ausreichend sauberes Wasser vorhanden? Wo möglich, sollte die Weide auch täglich abgeäppelt werden, damit Wurmbefall und Geilstellen nicht überhandnehmen.

Impfungen und Wurmkuren

Regelmäßige Impfungen schützen das Pferd vor einigen besonders gefährlichen und schwer zu bekämpfenden Erkrankungen: Tollwut, Tetanus und Influenza. Auch gegen Druse und seit neuestem gegen Hautpilz kann geimpft werden! Impfungen schaden Ihrem Pony nicht, während Versäumnisse in vielen Fällen tödliche Folgen haben und andere Tiere mit in Gefahr bringen. Für Turnierpferde ist die Impfung gegen bestimmte Infektionen sogar Pflicht! Jeder Impfpaß informiert über das korrekte Impfschema, das unbedingt eingehalten werden muß. Ebenso notwendig, wenngleich keine Vorbeugung im eigentlichen Sinn, sind regelmäßige Wurmkuren. Fohlen werden sechsmal jährlich, erwachsene Tiere zwei- bis viermal im Jahr entwurmt und so von der Wurmbürde befreit. Damit wird sichergestellt, daß sich die unvermeidliche Belastung durch Eingeweideparasiten in vertretbaren Grenzen hält und nicht zur Schwächung oder Erkrankung des Vierbeiners führt. Auch eine gute Pflege der gesamten Anlage hilft mit, die Wurmbelastung zu vermindern.

Hufbeschlag

Ob und wie oft ein Reitpony beschlagen werden muß, hängt ebenso vom individuellen Hufwachstum und der Qualität des Hufhornes ab wie von der Bodenbeschaffenheit. Regelmäßig gerittene Ponys, insbesondere wenn sie auf Turnieren eingesetzt werden, müssen fast immer und überall beschlagen werden. Wenig beanspruchte Isländer können barfuß laufen, wenn sie überwiegend auf weichem, abriebarmem

Turnierpferde müssen in aller Regel beschlagen werden.

Kälte und Schnee machen nicht krank. Versäumnisse bei Impfungen und Wurmkuren schon.

Würden Sie Skrimir die Mähne verziehen?

Boden geritten werden (Waldwege) und keine Fehlstellung oder Erkrankung der Gliedmaßen einen Korrekturbeschlag notwendig macht. Über spezielle Beschlagsformen ist eine gewisse Beeinflussung des Gangwerkes möglich, die sich allerdings auf kurze Ausbildungsphasen beschränken sollte und keine Dauerlösung darstellt. Neigen die Pferde zum Trabtölt, hilft ihnen oft der Einsatz leichter Eisen an den Vorderhufen und etwas schwererer Eisen an den Hinterhufen, für zum Paß neigende Pferde verfährt man umgekehrt. Zusätzlich eingeschmiedete Gewichte sowie überlang gezüchtete Hufe sind fragwürdige Methoden der Einflußnahme und im Sport sowie bei der Vorstellung von Zuchtpferden nicht erlaubt.

Tägliche Pflege

Weniger ist mehr, denn die Natur mit ihren Einflüssen und die Artgenossen pflegen Fell und Haut besser als der Mensch. All zu intensive Putzaktionen, womöglich unter Einsatz eines Pferdestaubsaugers, berauben das Islandpony seines natürlichen Wetterschutzes. Sichtbare Verschmutzungen sind mit einer groben Bürste zu entfernen, die Hufe nach dem Ritt sorgfältig auszukratzen, schweißnasse Stellen bei warmem Wetter gründlich abzuspülen. Mähne und Schweif werden in voller Länge und Dichte belassen und nur ab und an grob durchgekämmt. Das bei anderen Rassen übliche Verziehen der Mähne, Beschneiden des Schweifansatzes, Kürzen der Fesselhaare und sonstige „Verschönerungen" unterbleiben beim Islandpony, da das Langhaar eine wichtige Schutzfunktion bei nasser, kalter Witterung erfüllt. Eine Teilschur im zeitigen Frühjahr oder Frühherbst kann bei manchen dicht bepelzten und hart gearbeiteten Vierbeinern sinnvoll sein und ist dauernder schweißiger Durchnässung vorzuziehen. Läßt es das Wetter zu, freut sich Ihr Isländer nach dem Ritt über eine gründliche Dusche oder gar ein Bad in der Pferdeschwemme, bei kaltem Wetter wird das Fell nach dem Trocknen der verschwitzten Stellen nochmals gründlich gebürstet. Verschwitzte Pferde bekommen Sie bei kühlem Wetter schnell wieder trocken, wenn Sie alle feuchten Stellen gründlich mit alten Frotteehandtüchern bearbeiten. Abschwitzdecken werden nur im Notfall eingesetzt, Thermodecken sind überflüssig.

Während der Zeit des Fellwechsels, insbesondere im Frühjahr, helfen Sie Ihrem Vierbeiner durch spezielle Fellkratzer, die alte Wolle schneller loszuwerden. Besonders praktisch sind einseitig gezähnte Schweißmesser, die durch ihre flexible Form fast überall hinlangen und dem Pferd dabei nicht unangenehm werden.

Katze im Sack?

Auch wenn Katzen ausgesprochen nette und im Pferdestall sogar besonders nützliche Tiere sind, die Katze im Sack – das Pony mit nicht einschätzbarem Risikofaktor – sollten Sie besser nicht erwerben. Vor dem Kauf steht deshalb eine Ankaufsuntersuchung durch den Tierarzt Ihres Vertrauens, möglichst einen Fachtierarzt für Pferde. Er wird Ihren Zukünftigen auf Herz und Nieren prüfen, alle Organsysteme auf Gesundheit sowie auf Belastbarkeit begutachten. Sein besonderes Augenmerk richtet der Tierarzt dabei auf die Gliedmaßen des Ponys, denn diese sind, im wörtlichen wie im übertragenen Sinne, die Basis jedes Pferdelebens. Sie sollten zur Sicherheit lieber ein paar Mark mehr anlegen und Röntgenaufnahmen der wichtigsten Gelenke mit in Auftrag geben, auch wenn diese Untersuchung nicht zur Standard-Ankaufsuntersuchung gehört. So kann der Tierarzt manche Veränderungen der Gelenke oder Sehnen feststellen, noch bevor diese zu Lahmheiten führen.

Trotz der robusten Natur der Islandponys haben sie ein paar Schwachpunkte, die ihnen und damit auch Ihnen Probleme bereiten können. Sie sollten sich frühzeitig damit auseinandersetzen, damit Sie nicht doch die Katze im Sack kaufen.

Islandponys sind äußerst robust und unproblematisch – fast alle jedenfalls.

Wenn es im Sommer juckt, kann das Sommerekzem Schuld daran sein.

Wenn's im Sommer kratzt und juckt

Eine wahre Geißel vieler Isländer und ihrer genervten Besitzer ist das Sommerekzem, eine durch Insekten ausgelöste allergische Hauterkrankung mit quälendem Juckreiz. Gnitzen und Kriebelmücken bringen beim Stich Eiweißstoffe in die Haut, die bei entsprechend veranlagten Pferden – viele Isländer, aber auch zunehmend Rassen wie Araber oder Friesen – eine allergische Reaktion hervorrufen. Zwar stehen diese beiden Insekten zweifelsfrei als die wahren Übeltäter fest, doch werden weitere Faktoren verdächtigt, das Krankheitsbild zu verschlimmern: eiweißhaltige Ernährung, schlechte Pflege, vermutlich auch die steigende Luftverschmutzung. Leider vererbt sich die Veranlagung zum Sommerekzem, die Nachkommen betroffener Pferde erkranken zu einem höheren Prozentsatz selbst ebenfalls als die Kinder und Enkel gesunder Tiere. Vorsicht: Das Sommerekzem scheint oft eine Generation zu überspringen, so daß nicht die Kinder, sondern erst wieder die Enkel befallener Elterntiere erkranken! Manche Züchter setzen erkrankte Stuten und Hengste trotzdem in der Zucht ein und argumentieren damit, deren Fohlen seien nachweislich frei von Sommerekzem. Möglich, möglich und sogar wahrscheinlich aber auch, daß ihre Nachkommen die Veranlagung versteckt in sich tragen und später an ihre Kinder weitergeben werden.

Besonders schwer trifft das Sommerekzem Ponys aus Island: Durchschnittlich 30 % aller Importpferde erkranken früher oder später an dieser Allergie, während die Nachzucht von Festlandpferden regional unterschiedlich, aber zu weniger als 10 % betroffen ist.

Erkrankte Ponys, unter Islandpferdefreunden schlicht als „Ekzemer" bekannt, entwickeln an den Bißstellen der Insekten einen quälenden Juckreiz. Die Haare fallen aus oder werden abgescheuert, die Haut quaddelt und rötet sich, näßt und verschorft. Der Juckreiz ist so stark, daß sich die Ponys beim Scheuern an Bäumen, Steinen, Ästen, am Erdboden oder den eigenen Hufen stark verletzen können. Es treten zwei Grundformen der Erkrankung auf: entweder ist hauptsächlich das Langhaar betroffen, das Pony juckt sich also überwiegend an Mähnenkamm und Schweifrübe, oder es zeigt die stärksten Symptome an wenig behaarten Stellen des Rumpfes, d.h. in den Hautfalten von Vorderbrust und Ellbogen, den Geschlechtsteilen, den Haarwirbeln. Diese beiden Erscheinungsformen – es treten allerdings auch Mischtypen auf – hängen mit den bevorzugten Bißstellen

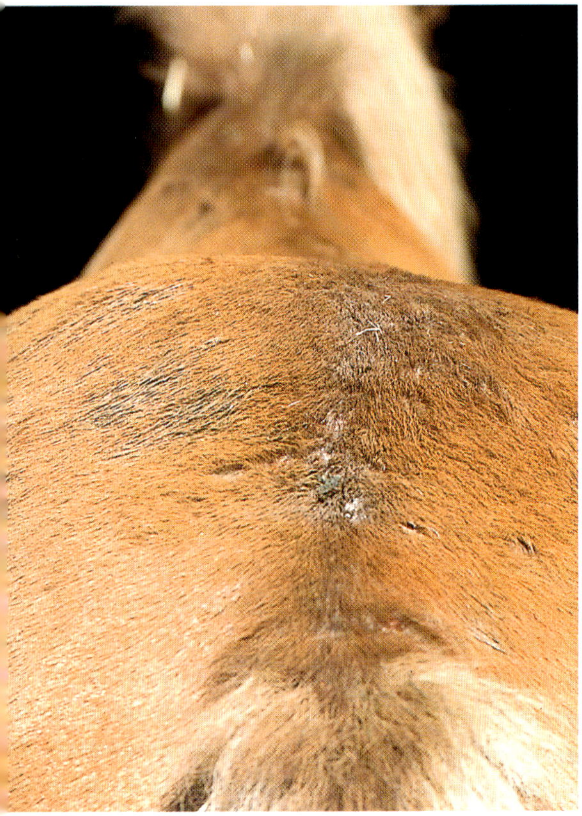

Mit dem Ausbruch der Krankheit wird Ihr Isländer zum Dauerpatienten.

Eine Ekzemdecke schützt vor Insektenstichen und stört das Pony nicht.

unterschiedlicher Insektentypen zusammen. Sollte Ihr Pony erkranken, wird es vermutlich für den Rest seines Lebens im Sommer – ungefähr von April bis Oktober – zum Pflegefall. Tägliche Kontrolle und Pflege stehen nun auf Ihrem Programm, um die Allergie in ihren schlimmsten Auswirkungen zu begrenzen. Stallen Sie Ihren Isländer während der Hauptflugzeit der Insekten – sie sind dämmerungsaktiv – in einem kühlen, schattigen Stall auf, lassen Sie ihn also nur während der hellsten Tageszeit in den Auslauf oder auf die Weide. Nutzen Sie Repellents, um Ihr Pony für Insekten unattraktiv zu machen, sprühen Sie ein- bis mehrmals täglich ein möglichst potentes Mittel auf. Pflegen Sie außerdem alle befallenen Hautstellen mit einem geeigneten Mittel, also einer juckreizstillenden, heilungsfördernden Lotion oder Salbe. Viele Halter betroffener Pferde haben in den vergangenen Jahren gute Erfahrungen mit „Ökozon" gemacht, einer Kombination aus mehreren Pflegemitteln mit speziellen Futterzusätzen, die langfristig auffallend gute Ergebnisse zeigt. Auch die nicht gerade billigen Ekzemdecken, die den Körper großflächig umhüllen und vor Insektenstichen schützen, sind eine sinnvolle Geldanlage, ebenso wie homöopathische Heilungsansätze.

Ich bin zwei Öltanks!

Sie kennen die Werbung: Ein überdimensionierter Öltank verkündet sie stolz mittels leuchtend-gelber Aufschrift. So mancher Isländer könnte mit Fug und Recht ähnliches von sich behaupten, denn übergewichtige, dickbäuchige Ponys sind ein oft gesehenes Bild. Zwar an und für sich keine Erkrankung, stellt Übergewicht dennoch auf lange Sicht eine Gefahr für Gesundheit und Wohlbefinden Ihres Isländers dar. Trägt Ihr Pony nämlich über Jahre hinweg einen Zentner überflüssiges Fett mit sich herum, sind die Folgen für den Trageapparat leicht vorzustellen. Nehmen Sie einfach mal an, Ihr Vierbeiner müßte die ganze Zeit einen Reiter samt Sattel mit sich herum schleppen, Tag und Nacht ...

Übergewicht wirkt sich auf Wohlbefinden, Leistungsfähigkeit, Kreislauf und Temperaturregulation negativ aus. Zudem laufen dicke Ponys Gefahr, an einer „Hyperlipidämie" genannten Stoffwechselentgleisung zu erkranken: Stellen sie aus irgend einem Grund die Futteraufnahme ein (Schwergeburt, Zahnschmerzen, hohes Fieber), so mobilisiert der Körper die reichlich vorhandenen Fettreserven. Dieser eigentlich normale Prozeß kann völlig außer Kontrolle geraten, das Blut und alle inneren Organe werden mit Fettkügelchen überschwemmt und außer Funktion gesetzt, es besteht akute Lebensgefahr! Halten Sie sich also mit den Kraftfuttergaben zurück und beglücken Sie Ihren Isländer lieber mit Möhren oder ein paar Äpfeln, die schlagen nicht so auf die schlanke Linie.

„Ich bin zwei Öltanks." (Tut mir leid, Hedinn!)

Islandponys haben es lieber kalt als heiß.

Eine lange, unbeschwerte Kindheit läßt gesunde Knochen heranreifen.

Lieber kalt als heiss

Manche Isländer, vor allem unzureichend akklimatisierte Importpferde, scheinen mit den hiesigen, oft schwülwarmen Sommern schlecht zurechtzukommen. Weitaus mehr als Angehörige anderer Rassen fühlen sie sich schlapp, zeigen sich schnell erschöpft und wenig leistungsbereit oder entwickeln gar erhöhte Körpertemperaturen. Dies betrifft allerdings nur einige wenige Pferde, vor allem übergewichtige (sollte niemanden wundern) und Importpferde in der Übergangszeit. Ihr Importer wird es Ihnen deswegen danken, wenn Sie ihn in seinem ersten Festland-Sommer eher schonend einsetzen, am frühen Morgen reiten und vielleicht erst im nächsten Jahr aufs Turnier gehen. Turnierzeitpläne richten sich nämlich nicht nach Tageszeiten und Hitzegraden ...

Starke Knochen? Ja, aber ...

Isländer tragen trotz ihrer vergleichsweise geringen Körpergröße erwachsene Reiter oder schwere Lasten problemlos und ohne negative Auswirkungen auf Knochen und Gelenke, da ihre Gliedmaßen in Relation zu ihrem Eigengewicht und ihrem Stockmaß ausgesprochen stabil und belastbar sind. Noch im hohen Alter legen klare, trockene Gelenke und Sehnen davon Zeugnis ab. Doch auch die vergleichsweise große Belastbarkeit des Trageapparates hat ihre Grenzen und muß sich entwickeln dürfen: Islandpferde werden viereinhalbjährig im Herbst angeritten, danach einige Monate in den Urlaub entlassen und erst mit fünf Jahren ernsthaft gearbeitet. Leider weichen immer mehr, auch namhafte Reiter und Züchter von dieser bewährten Praxis ab und reiten ihre Pferde, vor allem zukünftige Zuchtpferde und besonders frohwüchsige Vierbeiner, weitaus früher an, langfristig zum Schaden der Belastbarkeit von Sehnen, Knochen und Gelenken. Intensives Training halbwüchsiger Ponys an der Longe, frühzeitiger Hufbeschlag, forcierte Fütterung von Jungpferden und eine Ausbildung im Schnellzugtempo sind weitere Faktoren, die sich langfristig negativ auf die Gesundheit der Gliedmaßen auswirken können. Hufschmiede warnen zudem vor manchen Beschlagspraktiken, die zwar die Gangqualität subjektiv verbessern, langfristig aber negative Folgen für die Gelenke mit sich bringen: Überlange Zehen, gekürzte Trachten oder schwere Eisen schaden mehr als sie nutzen.

Isländer scheinen häufiger als andere Rassen eine „Spat" genannte Abnutzungserkrankung der Sprunggelenke zu entwickeln. Manche Fachleute sehen in dieser Erkrankung, die mit einer Entzündung und nachfolgenden Versteifung der Sprunggelenke einhergeht, eher eine Zwischenphase der Evolution als eine echte Krankheit. Sie vermuten, daß der Trend der Evolution zur völligen Versteifung des Sprunggelenkes hin gehen wird. Dies liegt jedoch noch in weiter Ferne, und einstweilen sollte der Islandpferdereiter ein wachsames Auge auf sich langsam entwickelnde Lahmheiten im Bereich der Sprunggelenke haben, um etwaigen Problemen frühzeitig begegnen zu können.

Zwei, die sich verstehen.

Die Herde, nicht der Mensch, ist der geeignete Lehrmeister für junge Islandponys.

Wir verstehen uns!

Ob Sie Ihren Isländer reiten, fahren, longieren, führen oder pflegen: jeglicher Umgang mit dem von uns Menschen so verschiedenen Lebewesen Pferd ist bestimmt von der Suche nach Harmonie. Harmonie, ein selbstverständliches und friedvolles Miteinander kann nur entstehen, wenn beide Partner sich verstehen und dieses „verstehen" hat sowohl etwas mit „Verständigung" als auch mit „Einfühlung" zu tun: Mensch und Pferd benötigen eine gemeinsame Sprache und die grundsätzliche Bereitschaft, aufeinander zuzugehen.

Was Hänschen nicht lernt ...

Die notwendigen Grundlagen für die spätere Arbeit mit seinem Freund, dem Menschen, erwirbt der Isländer nicht etwa durch frühes Training, intensive Anleitung schon im Fohlenalter, sondern durch eine ungestörte Kindheit und Jugend in der Herde. Dort, im Miteinander mit seinem primären Sozialpartner, kann seine soziale Intelligenz sich entwickeln und reifen. Das Jungpferd lernt die Geborgenheit der Herde kennen und damit den Wert der Einbindung in eine Gemeinschaft. Dazu gehört auch die Unterordnung unter ranghöhere, weil erfahrenere, souveräne Herdengenossen und dabei erlernt der Isländer die so notwendige Fähigkeit und Bereitschaft zur Subordination. Ebenso macht der junge Springinsfeld Erfahrungen mit Rangkämpfen, bei denen er als Sieger hervorgeht und legt sich hierbei ein gesundes Selbstbewußtsein zu. Hoffentlich kommt der Jungspund auch mit vielen Umwelteinflüssen in Berührung, die ihm später unterm Sattel wieder begegnen und lernt echte von scheinbaren Gefahren zu unterscheiden. So ganz nebenbei wird das Leben draußen, in der Herde und bei viel Bewegung seine Muskeln und Gelenke stärken, seine Abwehr kräftigen, seine Organsysteme belastbar und seine Psyche ausgeglichen entwickeln.

Isländer unter sich

Wenn Ponys sich miteinander unterhalten, so geht es dabei wesentlich leiser zu als bei einem Gespräch unter Menschen, denn die Lautsprache spielt keine so wesentliche Rolle. Ein Wiehern, Blubbern, lautes Pusten oder Schnauben übermittelt kurze, aber wichtige Botschaften an die ganze Herde: „Gefahr droht!", „Wo bist Du?", „He, ich mag Dich" oder „Schaff' Dich fort, aber schnell!", kompliziertere Informationen werden auf diesem Weg nicht ausgetauscht. Pferde sind aber wahre Weltmeister darin, ganz subtile Botschaften über das eigene Befinden, ihre momentane Stimmung, Absichten oder die eigene Einstellung zu Artgenossen höchst effektiv zu übermitteln. Einige „Worte" dieser „Sprache" sind uns Menschen bekannt, etwa das drohende Anlegen der Ohren oder Anheben eines Hinterhufes, das wütende Kopfschlenkern oder andere, leicht erkennbare Signale. Andere, kaum sichtbare Botschaften sind uns weniger geläufig und wir

Menschen tun uns schwer darin, aus den vielen winzigen, unterschwelligen Signalen, die Pferde ununterbrochen abgeben, eine fortlaufende Botschaft zu lesen. Pferde können dies, wenn sie diese Fähigkeit im Kindes- und Jugendalter entwickelt haben. Aus diesem Grund ist es so schwer, ja geradezu unmöglich, Pferde mittels angelernter Körpersprache hinters Licht führen zu wollen.

Klar, deutlich ...

Im Umgang wie auch beim Reiten sollten Sie klare und deutlich voneinander getrennte Kommandos benützen und berücksichtigen, daß die Kommunikation über Lautsprache nicht zu den Stärken Ihres Isländers gehört. Unterstützend setzen Sie bei jeder Form von Bodenarbeit wie auch bei der Pflege Ihre eigene Körpersprache ein, die wiederum nicht zu den Stärken der Zweibeiner gehört. Sie und Ihr Pony sollten sich also irgendwo in der Mitte treffen, beide etwas von der Kommunikation des anderen lernen und, wo möglich, übernehmen. Da Sie – hoffentlich – über mehr Großhirnkapazität verfügen als Ihr Isländer, werden Sie beim Erlernen einer Fremdsprache mehr Erfolg haben. Die „Hilfen" genannten Körpersignale beim Reiten sind Ihnen vermutlich schon geläufig, Ihr Wissen über die Kommunikation mit Pferden können Sie in vielen Kursen versierter Ausbilder erweitern. Geeignet sind vor allem Bodenarbeitskurse, die eine Einführung in die Freiheitsdressur anbieten sowie Jungpferdelehrgänge.

Die Feinheiten der Freiheitsdressur können Sie in vielen Kursen erlernen.

Ihr Isländer liefert Ihnen kostenlos Anschauungsunterricht in Sachen Pferdeverhalten.

... und vor allem ehrlich!

Verständigungsprobleme im Umgang mit Ihrem Isländer können dann auftreten, wenn Sie sich selbst oder Ihrem Pferd gegenüber nicht ehrlich, mit voller Überzeugung handeln. In diesem Fall werden Sie widersprüchliche Signale aussenden und Ihr Pony verwirren, verunsichern oder womöglich gegen sich aufbringen. Fürchten Sie sich vor einem Pferd, dem Sie sich nicht gewachsen fühlen, so wird Ihr Vierbeiner dies deutlich erkennen und Sie durchschauen, wenn Sie trotzdem angelernte, aber nicht wirklich verinnerlichte Signale zur Dominanz auszusenden versuchen. Zwar sind Isländer trotz ihres oft überschäumenden, lebensfrohen Charakters gutmütig und leicht in der Hand, besonders ängstliche Pferdefreunde sollten dennoch gezielt nach einem ruhigen, vorsichtigen Pony suchen und die Finger von ausgesprochenen Temperamentsbündeln lassen. Treten trotzdem Verständigungsprobleme auf, hilft ein erfahrener, einfühlsamer Trainer weiter. Durch den täglichen Umgang mit ihren artgerecht gehaltenen Ponys sind viele Islandpferdefreunde, Züchter und Ausbilder ausgesprochen gute Beobachter und Kenner des natürlichen Pferdeverhaltens. Nehmen Sie sich selbst auch öfter ein bißchen Zeit, setzen sich in aller Ruhe auf die Weide oder den Koppelzaun und beobachten Ihren Isländer im Umgang mit seinen Artgenossen, dann lernen Sie dabei mindestens ebensoviel Wissenswertes wie im Reitunterricht.

Das beste Ross der Erde

Auf weitem Land im Paßgang eilt
beharrlich fort auf Wegen
das junge Pferd; im Boden steilt
sein Nacken sich entgegen.

Des Rosses Gurte sind gespannt;
Glück wird es mir bringen.
Unter Hufen hallt das Land,
hell die Eisen klingen.

Niemals zeigt es Müdigkeit,
von Schlägen nicht getrieben.
Steine sprühen Funken weit,
unterm Huf zerstieben.

An Lebensfreud´ nichts übertraf
das beste Roß der Erde;
Die Sorgen wieg´ ich in den Schlaf
beim Ritt auf solchem Pferde.

(Sveinn Sveinnsson)

Reiten wie die Wikinger

Heute ist der Gangpferdesport Trendsetter bei der Entwicklung von Ausrüstungen.

Gestiefelt aber nicht gespornt

Von den Ponyreitkissen und einfachen Wassertrensen der Vergangenheit weit entfernt, bevorzugt der Islandpferdereiter heute überwiegend hochwertige, speziell auf die besonderen Erfordernisse des Gangpferdereitens und der Rasse zugeschnittene Ausrüstungsgegenstände. So hat sich in den letzten Jahren eine Vielzahl von Markenartikeln am Markt etabliert, denen meist eine hohe Qualität und der besondere Zuschnitt auf vermeintliche oder echte Bedürfnisse des Islandponys und seiner Reiter eigen ist. Besonders in den letzten Jahren ist es der Gangpferdesport im engeren Sinne, der unmittelbaren Einfluß auf die Gestaltung der Ausrüstung nimmt, während noch vor wenigen Jahren der Feld-, Wald- und Wiesenreiter mit seinen vielseitigen Ansprüchen Trendsetter war. Grundsätzlich sollte jeder Ausrüstungsgegenstand nicht nur hinsichtlich seiner Qualität, Paßform und Preiswürdigkeit überprüft werden, sondern auch mit dem individuellen Einsatz des Ponys abgestimmt werden. Der Sportreiter und sein Pony haben ganz andere Ansprüche und Bedürfnisse als der Freizeittölter mit Familienanschluß.

Der Sattel

Bei der Wahl des Sattels muß gewährleistet sein, daß dieser Pferd und Reiter paßt und dem geplanten Verwendungszweck gerecht wird. Grundsätzlich lassen sich zwei verschiedene Typen von Islandpferdesätteln unterscheiden, die beide den englischen oder Flachsätteln mehr oder weniger ähneln. Ausgesprochene Sportsättel verfügen über eine extrem flache Sitzfläche, die den Reiter dicht ans Pferd bringt und ihm eine sehr variable Sitzposition ermöglicht. Zudem liegt der tiefste Punkt der Sitzfläche meist relativ weit hinten, um die Vorhand des Pferdes im Tölt zu entlasten und eine hohe Aktion zu ermöglichen. Allerdings bietet der Sportsattel recht wenig Halt und verfügt über eine eher geringe Auflagefläche, er sollte deshalb nicht gewählt werden, wenn der Reiter sein Pony überwiegend im Gelände und/oder auf langen Strecken bewegt. Der Freizeitreiter bevorzugt die an Vielseitigkeitssättel angelehnten Trachtensättel, deren Konstruktion das Reitergewicht auf eine größere Fläche verteilt. Dies schont insbesondere auf langen Strecken den Pferderücken. Selbstverständlich ermöglicht jeder gute Trachtensattel auch das saubere Reiten der Spezialgangarten und eignet sich deswegen zumindest bedingt für den Einsatz im Turniersport.

Häufig ist die Sitzfläche der Islandpferdesättel nicht glatt, sondern gerippt und weich gepolstert; dies sorgt für einen bequemen Sitz, der dem Reiter auch im Hochsommer nicht die Kehrseite einschmilzt. Sättel mit einer Gelpolsterung in der Sitzfläche sind der neueste Renner, über die langfristige Haltbarkeit des Materials liegen aber noch keine Erkenntnisse vor. Die Sattelkammer ist breit und niedrig gestaltet, oft auch leicht zurückgezogen,

Manche Sättel vereinen Merkmale des Sportsattels und des Vielseitigkeitssattels in sich.

Schweifriemen verhindern das Vorrutschen des Sattels.

Polsternde Sattelunterlagen schonen den Rücken des Pferdes.

um der sich im Tölt aufrichtenden Wirbelsäule Platz zu lassen. Das lange, an Dressursättel erinnernde Sattelblatt weist meist nur gering ausgeprägte Pauschen auf und unterstützt den gewünschten Sitz mit langem, elastischem Reiterbein. Eine Besonderheit mancher Sättel ist die verdeckte Aufhängung der Steigbügelriemen, die das Bein ruhiger – und ohne Scheuerstellen – liegen läßt. Vorsicht: Bei manchen Modellen liegen die Polster (das Sattelkissen) zu eng beieinander und nähern sich zudem im hinteren Bereich einander an, dies läßt der Wirbelsäule zu wenig Spiel und behindert jegliche biegende Arbeit.

Seit einigen Jahren sind Kunststoffsättel für Gangpferde auf dem Markt, die als preisgünstige Einsteigermodelle beworben werden. Robust, leicht, einfach zu reinigen und wirklich vergleichsweise günstig, weisen sie doch einen gewissen Nachteil auf: der Werkstoff Kunststoff kann die beim Reiten unweigerlich entstehende Wärme und Feuchtigkeit weder aufnehmen noch ableiten und eignet sich deswegen nur bedingt. Entscheidet sich der Reiter für einen dieser Sättel, ist auf eine besonders hochwertige, schweißaufsaugende Sattelunterlage zu achten. Anleihen aus anderen Reitweisen, etwa Westernsättel, iberische oder australische Sättel sucht man auf dem Rücken von Islandpferden vergeblich.

Sattelzubehör

Bei vielen der eher rundlichen, mit wenig Widerrist ausgestatteten Ponys verhindert nur ein Schweifriemen oder ein Vorgurt, daß der Sattel in der Bewegung nach vorne rutscht. Der Schweifriemen sollte eine weich gepolsterte Metze ohne störende Nähte aufweisen und so verschnallt werden, daß auf der Kruppe eine aufgestellte Faust darunter paßt. Vorgurte – ähnlich einem Longiergurt, aber ohne Polster und mit zwei Bügeln ausgestattet – müssen recht stabil konstruiert sein, um dem Sattel sicheren Halt nach vorne zu verleihen. Es ist darauf zu achten, daß weder rechts und links des Schweifes (Schweifriemen) noch zwischen Gurt und Ellenbogen bzw. Vorgurt und Sattelgurt Haut und/oder Haare eingeklemmt werden, dies führt unweigerlich zu Druckstellen. Als Sattelunterlage bevorzugen viele Islandpferdereiter Lederdecken oder einfache Satteldecken aus Filz oder Stoff, die Feuchtigkeit aufsaugen und den wertvollen Sattel vor Verschmutzung schützen. Gelpads oder andere polsternde Sattelunterlagen verteilen das Reitergewicht besser und werden oft bei rückenempfindlichen Pferden verwendet. Gelpads müssen zumindest bei längeren Ritten immer in Verbindung mit einer schweißaufsaugenden, hitzeableitenden Umhüllung verwendet werden, um Hitzestaus zu vermeiden. Westernpads werden zwar manchmal gerne mit Islandpferdesätteln kombiniert, setzen den Reiter aber sehr weit weg vom Pferd und eignen sich grundsätzlich nicht für diese Sattelform. Sie polstern nicht etwa besonders gut ab, sondern engen aufgrund ihrer Dicke den Pferderücken oft ein.

Eine weitere Besonderheit der Islandpferdesättel sind die geschwungenen Sicherheitssteigbügel, die heute weit verbreitet sind. Anders als die Steigbügel der üblichen Bauweise hängen sie parallel zum Reiterfuß und lassen sich leichter aufnehmen, zudem gleitet der Fuß bei einem etwaigen Sturz besser heraus.

Die doppelt gebrochene Wassertrense wird im Freizeitbereich gerne eingesetzt.

GEBISSE

Das am häufigsten verwendete Gebiß unter Islandpferdereitern ist die doppelt gebrochene Wassertrense, mal ganz aus Argentan oder einem anderen Werkstoff, mal mit Kupfermittelstück. Es ist darauf zu achten, daß die Mittelstücke doppelt gebrochener Gebisse denselben Durchmesser aufweisen wie die äußeren Teile und die Verbindungen innen wie mit den Trensenringen wenig Spiel haben, damit Zunge und Lefzen geschont werden. Gebisse aus Kupfer, aber auch das bei Westernreitern beliebte „sweet iron" – rostendes Eisen – regen die Speichelproduktion an, fördern das Abkauen und damit die Durchlässigkeit.

Ebenfalls sehr beliebt ist das Pelham, eine mit zwei Zügeln zu reitende Stange mit kurzen Anzügen. Ebenso wie die Dressurkandare ist es besonders in der Sportreiterei ein gerne eingesetztes Gebiß. Das Pelham eignet sich auch für anspruchsvolles, nicht turnierorientiertes Freizeitreiten. Eher mit Vorsicht zu genießen, obwohl urisländisch ist die Islandkandare, eine Hebelkonstruktion mit gebrochenem Mundstück. Kenner setzen sie nur bei weit ausgebildeten, im Gleichgewicht gehenden Pferden ein, wo sie Takt und Ausstrahlung verbessern hilft. Sie eignet sich für das Reiten der Spezialgangarten auf längeren Strecken bzw. der Ovalbahn, nicht aber zur Dressurarbeit oder Korrektur problematischer Pferde.

Viele Ponys lassen sich ausgesprochen gut mit dem Pelham reiten – bitte immer mit zwei Zügeln!

Viel Schindluder wird mit der Islandkandare getrieben.

Einfache Wassertrensen, Olivenkopfgebisse, Ledergebisse wie auch manche Gebisse aus dem Bereich des Westernreitens oder des Gangpferdesports mit „großen" Pferden eignen sich ebenfalls für Islandponys, werden aber selten verwendet. Grundsätzlich muß das Gebiß dem Pferd passen, dem Ausbildungsstand von Pferd und Reiter angemessen und vom Reiter problemlos zu handhaben sein. Für die feiner wirkenden Konstruktionen gilt: scharf werden sie erst durch unsensible Reiterhände!

GEBISSLOSE ZÄUMUNGEN

Viele Islandpferde gehen ausgesprochen gerne und gut mit gebißlosen Zäumungen, unter denen das side-pull das wohl bekannteste, beste und empfehlenswerteste ist. Es eignet sich vor allem für den Einsatz im Freizeitbereich, auf langen Ritten, mit Reitanfängern oder für Reiter, die ihre eigene Zügeleinwirkung kontrollieren wollen. Ebenso sinnvoll ist das zeitweise Reiten mit Halsring, natürlich immer auf einem sicher eingezäunten Platz und nur mit entsprechend zuverlässigen Pferden! Wer noch nicht zügelunabhängig sitzt oder sein Pferd vor allem im Tölt gerne über die Zügel in eine verkrampfte, unnatürliche Aufrichtung zieht, wird mit side-pull oder Halsring kläglich Schiffbruch erleiden.

Das side pull empfiehlt sich als gebißlose Zäumung für den Freizeitbereich.

Oft besser als das Hannoversche Reithalfter (hinten): das einfache Englische (vorne).

ZÄUME

Der Reiter sollte bestrebt sein, das Kopfstück seines Pferdes auf das absolut notwendige Mindestmaß zu beschränken. Viel Leder am Kopf sieht nicht nur häßlich aus, sondern vermag das Pferd stark zu beeinträchtigen und stellt dem Reiter generell ein schlechtes Zeugnis aus. Fast alle Gebis-

Glocken schützen die Ballen vor Verletzungen und können zur Beeinflussung des Ganges eingesetzt werden.

se lassen sich am besten mit einem Kopfstück ohne Stirnriemen und Kehlriemen und einem einfachen englischen Reithalfter kombinieren, dessen Sperrwirkung in jedem Fall ausreicht. Hannoversche Reithalfter engen beim Islandpony mit seiner eher kurzen Maulspalte häufig die Atemwege stark ein, sie müssen gut angepaßt werden und dürfen nur weit oberhalb der Nüstern zu liegen kommen.

Beinschutz

Beim Reiten der Spezialgangarten müssen viele Pferdebeine und -ballen durch Schutzüberzüge vor Schäden bewahrt werden. Scalper – sehr leichte Ballenschoner – haben lediglich eine Schutzfunktion, während Glocken mit unterschiedlichem Gewicht zu erhalten sind und oft zur Korrektur von unreinen Gängen verwendet werden, ebenso wie Ballenschoner mit Gewichtseinlage. Beim Rennpaßreiten empfiehlt es sich, auch die Röhrbeine durch Gamaschen zu schützen.

Erlaubt ist, was gefällt?

Nicht ganz, der Turnierreiter muß sich hinsichtlich der Ausrüstung seines Pferdes wie auch der eigenen Reitkleidung inklusive Helm immer an die Vorgaben der Islandpferde-Prüfungsordnung halten, deren Bestimmungen ihm allerdings recht viel Freiheit lassen.

Für das Reiten daheim gelten keine Regeln oder Traditionen, hier ist wirklich erlaubt, was gefällt und praktisch ist. Im Winter schützen spezielle Reitoveralls Reiter und Ausbilder vor Kälte, Nässe und Wind, in der warmen Jahreszeit zieht der Islandpferdereiter entweder Jodhpurhosen und Stiefeletten oder Kombinationen von Stiefelhose, Stiefeletten und Chapsletten den traditionellen, aber oft unbequemen Reitstiefeln vor.

Reithelme auf erwachsenen Reiterköpfen sieht man zwar immer noch zu selten, aber erfreulicherweise doch häufiger als bei anderen Reitweisen.

Der kleine Schecke hat noch lange Zeit bis zum Ernst des Lebens.

Auf dem Weg zum Gaedingar

„Gaedingar" nennen die Isländer (die zweibeinigen) ihre Traumpferde. Damit auch aus Ihrem Isländer einmal ein Traumpony wird, müssen Haltung, Pflege und Ausbildung stimmen. So sehr sich Islandponys in Aussehen, Charakter und Gangveranlagung voneinander unterscheiden, so verschieden sind die Wünsche und Vorstellungen ihrer Reiter. **Den** Gaedingar kann es deshalb nicht geben, der Weg vom Jungpferd zum Traumpferd ist immer ein individueller.

Der Ernst des Lebens

Der Ernst des Lebens ist unvermeidlich und löst auch für Islandponys irgendwann die unbeschwerte Kindheit ab. Nicht nur das „was", sondern auch das „wie" und „wann" des Trainings entscheidet darüber, ob ein Jungpferd überfordert wird, seine Lauflust verliert und resigniert, frühzeitig unter Verschleißerscheinungen leidet oder aber zur Freude seines Reiters sein volles Potential zur Entfaltung bringen kann.

Isländerfohlen wachsen meist in großer Freiheit auf und kommen nur wenig mit Menschen in Berührung, da man sich davon einen positiven Einfluß auf die Entwicklung des Charakters verspricht. So sind junge Isländer eher scheu, vorsichtig und respektvoll im Umgang mit dem Menschen, was bei der späteren Ausbildung von Vorteil ist. Nachdem sie im Alter von etwa einem halben Jahr abgesetzt wurden, durchlaufen Absetzer, Jährlinge und Jungpferde regelmäßig – etwa zweimal jährlich für eine Woche – eine Grundausbildung, in der sie geputzt, an das Halfter gewöhnt, geführt und angebunden werden. Ab einem Alter von etwa drei Jahren können sie anlongiert und als Handpferd mitgenommen werden.

Bodenarbeit als Basis

Die meisten Ausbilder legen Wert darauf, durch sinnvolle Bodenarbeit die Basis für die gesamte Ausbildung ihrer Pferde zu legen. Meist durchlaufen junge Islandponys eine durchdachte, sinnvolle und individuell zugeschnittene Ausbildungsskala mit diesen oder ähnlichen Abschnitten, in dieser oder einer anderen Reihenfolge:

- Führtraining
- Freiheitsdressur
- Handpferdreiten
- Anlongieren
- Doppellongenarbeit/Fahren vom Boden/Langzügelarbeit
- Gewöhnung an Sattel und Trense im Freilaufen/an der Longe
- Anreiten an der Longe/im Freilaufen/ als Handpferd.

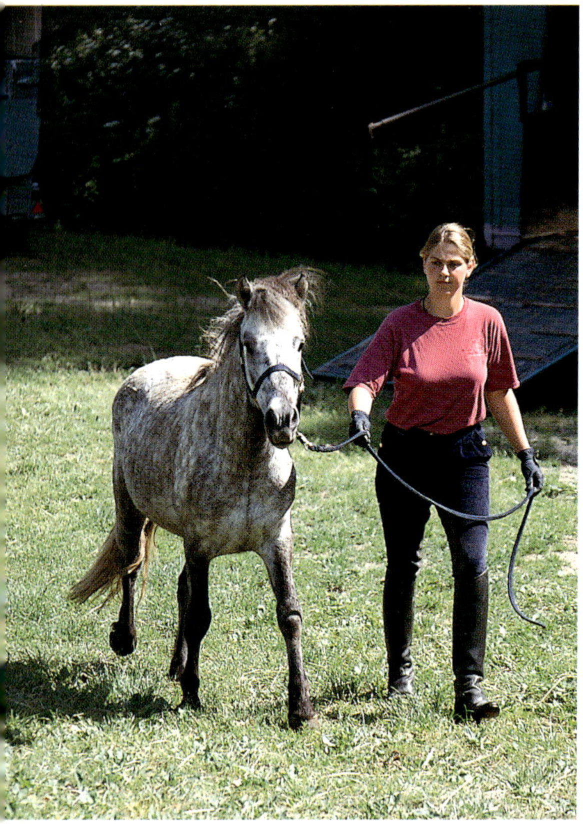

Die Halfterführigkeit steht ganz am Beginn der Ausbildung.

Die größte Bedeutung kommt wohl der Freiheitsdressur zur. Hierbei arbeitet der Ausbilder das junge Pferd in einem sicher eingezäunten Longierzirkel völlig frei, das Pferd trägt also keinerlei Ausrüstung. Gelenkt von der Körpersprache des Trainers und unterstützt durch stimmliche Signale sowie evtl. eine Longierpeitsche wird es in den Grundgangarten bewegt, angehalten, gewendet, rückwärts gerichtet und beschleunigt. Es lernt den Menschen als Kommunikationspartner kennen und respektieren, ohne sich zunächst mit allerlei Ausrüstung und schwierigeren Anforderungen auseinandersetzen zu müssen und eignet sich in der Zusammenarbeit die gewünschten Reaktionen auf wichtige stimmliche Befehle an. Der Ausbilder verfügt über fundierte Kenntnisse in der Körpersprache der Pferde und vermag seine Jungpferde durch verständliche Signale zu beeinflussen. Läßt sich das Jungpferd gut führen und lenken, kann es als Handpferd in Begleitung eines erfahrenen Reitpferdes ins Gelände. Dabei setzt es sich intensiv mit seiner Umwelt auseinander, gewöhnt sich an die nun von hinten-oben kommende Stimme des Menschen und lernt, zunächst nur als Zuschauer, das Leben eines Reitpferdes kennen. Zudem steigert das Handpferdreiten den Gehwillen, konditioniert auf entspannte und lockere Weise das junge Pony.

Nach ausgiebiger Vorbereitung durch die Freiheitsdressur ist das Anlongieren meist kein Problem. Zunächst nur am Halfter oder Kappzaum, später mit Kopfstück und Gebiß, wird der junge Isländer longiert, dabei konditioniert und an den Sattel gewöhnt. Der Einsatz von Hilfszügeln ist bei vielen Ausbildern unüblich, sie nutzen lieber die Doppellonge und nehmen so auf flexible Weise Einfluß auf Stellung und Haltung ihrer Pferde. Andere Trainer longieren überwiegend mit einem Longiergeschirr, das über ein ausgeklügeltes System von mehreren Hilfszügeln (Sidecheck, Overcheck) eine sehr präzise, wenngleich starre Einflußnahme erlaubt.

Im Anschluß an die Arbeit an der Longe oder Doppellonge schließt das Jungpferd auch mit dem geritten-werden Bekanntschaft. Nach einer Trainingseinheit, wenn der Jungspund entspannt und nicht mehr ganz so frisch ist, kann der Ausbilder ganz beiläufig das Auf- und Absitzen üben, während ein Helfer das Pferd hält und nach ein paar Versuchen im Schritt anführt.

Ganz allmählich wird die Zeit unter dem Sattel ausgedehnt, das Pony angetrabt und durchpariert, während der Reiter immer mehr und der Führer immer weniger Einfluß nimmt. Bald klappt es auch ohne Helfer, und sobald sich das junge Pferd zuverlässig durchparieren läßt, geht es aus dem Longierzirkel oder der Reitbahn ab ins Gelände.

Allein oder in Begleitung eines zuverlässigen älteren Ponys wird es in den Gangarten geritten, die es anbietet: Schritt, Trab oder Tölt und Galopp. Zeigt der junge Isländer unterm Sattel zunächst keinen Tölt, wird er erst später, wenn er besser bemuskelt und mit den Hilfen des Reiters vertrauter ist, eingetöltet. Gangmaß, Aktion und Aufrichtung sind zunächst weniger wichtig als die Entwicklung eines sauberen Takts. Rennpaß wird nur geritten, wenn das Pferd von selbst in diese Gangart verfällt. Viele Ausbilder gönnen ihren Pferden erneut ein paar Monate Weide-Urlaub, nachdem sie etwa zwei Monate unterm Sattel gearbeitet wurden.

Beim ersten Satteln ...

... kann es ein bißchen wild zugehen.

Die spätere Ausbildung in der Spezialgangart Tölt zielt darauf hin, das jedem Pony eigene Lieblingstempo in beide Richtungen auszubauen. Im Idealfall zeigt ein guter Tölter diese Gangart in allen Tempi, von etwas schneller als Schritt bis zum Galopptempo und bleibt dabei taktklar, geht gelöst und ausdrucksvoll. Viel Zeit muß mitbringen, wer einmal einen guten Rennpasser sein eigen nennen will, denn erst im Laufe der Jahre entwickelt das Pferd die notwendige Muskulatur und Energie für richtig guten, also schnellen und trotzdem harmonischen Rennpaß.

Trotz aller Liebe zum Geländereiten, trotz der Spezialgangarten sollte der Reiter auch der dressurmäßigen Ausbildung seines Islandponys die notwendige Aufmerksamkeit zukommen lassen. Weit entfernt vom üblichen „Griffekloppen" mancher herkömmlichen Reitschulen ist die Dressurausbildung des Islandpferdes immer zweckorientiert: Durchlässigkeit, Gehorsam und Vielseitigkeit werden gefördert, verkrampftes Riegeln in die „Versammlung" und Exerzieren sinnloser Mätzchen unterbleiben. Vor allem von Natur aus verspannte oder überwiegend im Gelände geradeaus gerittene Pferde profitieren von Übungsstunden in der Bahn, in denen gymnastizierend geritten und die Abstimmung zwischen Pferd und Reiter verfeinert wird. So mancher Töltspezialist brilliert auch im Dressurviereck, wenn er entsprechend gefördert wird, während einseitiges Ovalbahntraining der Spezialgangarten dem Isländer viel von seiner Vielseitigkeit und Ausstrahlung nimmt. In der Dressurarbeit sollte der Reiter jedoch im Hinterkopf behalten, daß sein Pony kein Warmblut ist und hinsichtlich der Haltung gewisse Abstriche nötig sein können. Vielen Isländern ist es aufgrund ihrer typischen Anatomie – wenig Ganaschenfreiheit, kompakter Hals – schlichtweg unmöglich, die Nase bei erhaltenem Schwung und Raumgriff bis kurz vor die Senkrechte herunterzunehmen. Wahre Dressurcracks wissen, daß Anlehnung immer nur gewährt und nie erzwungen wird und werden es unterlassen, ihrem Pony den Kopf herunterzuschrauben. Trotz dieser und anderer Unterschiede ist der Isländer grundsätzlich durchaus in der Lage, auch Dressuraufgaben auf hohem und höchstem Niveau zu zeigen, von der Galoppirouette bis zum fliegenden Wechsel, von Travers bis Renvers.

Solide Dressurarbeit gehört zu jeder Ausbildung.

So mancher Töltspezialist erntet auch als Dressurkünstler Lorbeeren: Ofeigur und Jolly Schrenk.

Auf der Erfolgsleiter

Ob Freizeitreiter oder Turniercrack, ob friedlicher Familienkumpel oder Ovalbahn-As: ohne Aus- und Weiterbildung bleibt das Team von Reiter und Pferd bald stehen, entwickelt sich nicht weiter oder macht gar Rückschritte. Selbst bei weit fortgeschrittenen Reitern und ausgesprochen hoch veranlagten Ponys können Routine, fehlende Rückmeldung durch Dritte und sich einschleichende Fehler zum Problem werden. Ob vorbeugend oder konkret korrigierend: Unterricht tut not und da ist es um die Islandpferdereiter und ihre Vierbeiner ausgesprochen gut bestellt. Ein vielfältiges Angebot hat sich inzwischen im deutschsprachigen Raum etabliert und läßt kaum einen Wunsch offen. Allen voran leisten die „Eigengewächse" des IPZV, die Trainer A, B und C die Hauptarbeit in der Schulung von Reiter und Pony.

Unterricht auf Schulpferden

Der Unterricht auf Schulpferden in einem Islandpferdebetrieb steht für viele Ponyfans am Beginn sowohl ihrer reiterlichen Ausbildung als auch ihrer Infektion mit dem Isländer-Bazillus. An der Longe, in der Reitbahn und recht bald auch im Gelände lernt der Anfänger die Zuverlässigkeit, Gutmütigkeit und Ehrlichkeit, aber auch den Vorwärtsdrang seines Ponys kennen und schätzen. Das Gros der Schulpferde liegt bezüglich Temperament und Ganganlagung naturgemäß unter dem Durchschnitt der Islandpferdepopulation, doch sind sie deswegen nicht die schlechteren Reitpferde, ganz im Gegenteil.

Auch für den fortgeschrittenen Reiter und stolzen Ponybesitzer mag es angezeigt sein, sich erneut in den Sattel eines Schulpferdes zu schwingen. Bei Ferienaufenthalten auf einem Islandpferdebetrieb ist es nicht immer möglich oder sinnvoll, das eigene Pony mitzubringen; auch oder gerade Reitkurse und Sitzschulungen mit einem anderen als dem eigenen Pferd bringen den Reiter weiter. Oft läßt sich nämlich beobachten, daß nach dem Kauf des ersten eigenen Ponys die reiterliche Entwicklung stagniert, da der Reiter nun nicht mehr gezwungen ist, auf viele unterschiedliche Pferde einzugehen, ihre Gänge sauber zu sitzen oder ihren Tölt herauszukitzeln. Ab und an ein Reitkurs oder Ferienaufenthalt mit (guten) Schulpferden und die reiterliche Entwicklung bekommt neuen Schwung!

Einzelunterricht beim einem IPZV Trainer A: für ambitionierte Reiter ein Genuß.

Töltkurse

Das Reiten der Spezialgangart Tölt steht im Mittelpunkt der meist als zwei- oder dreitägige Fortbildung angebotenen Töltkurse. Reiter mit eigenem Pony oder einem geeigneten Schulpferd werden auf der Ovalbahn und im Gelände von hofeigenen oder externen Ausbildern betreut und in der Theorie und Praxis des Töltreitens unterwiesen. Dabei können auch individuelle Probleme sehr gut angegangen werden, da der Unterricht in Kleingruppen (meist drei bis vier Reiter) obligatorisch ist und es sich bei den Ausbildern um erfahrene und erfolgreiche Praktiker handelt. Zu Beginn lassen sie meist jeden Reiter einzeln vorreiten und schwingen sich dann selbst für einen kurzen Proberitt in den Sattel. Videoaufnahmen und Demonstrationen durch den Trainer lassen diese Kurse zu einem intensiven Erlebnis für Reiter und Pferd werden. Meist empfiehlt es sich, diese Form von Fortbildung in Abständen von zwei bis drei Monaten zu wiederholen. So bleibt zwischendurch Zeit, das Gelernte zu üben und zu festigen und ein steter Lernfortschritt stellt sich ein.

Turnier-Vorbereitung

Viele Betriebe, deren Ausbilder meist selbst intensiv am Turniergeschehen teilhaben – sei es als Reiter, Ausrichter oder Richter – bieten gezielte Vorbereitungskurse für größere Veranstaltungen an. In kleinen Gruppen können die Inhalte der Prüfungen intensiv geübt und Unsicherheiten abgebaut werden. Die Ausbilder wissen natürlich genau, was die Sportrichter sehen wollen und helfen Turnierneulingen wie erfahrenen Reitern mit vielen Tips und Tricks weiter. Die ganze Gruppe fährt dann gemeinsam aufs Turnier und wird dort auf dem Abreiteplatz ebenso wie während der Prüfung betreut. Trotz der gezielten Schulung steht weniger der Turniererfolg als das intensive Gemeinschaftserlebnis im Mittelpunkt. Siegesfeiern sind obligatorisch und vom Erfolg unabhängig, denn Dabeisein ist alles!

Islandpferdeturniere: Dabeisein ist alles – hoffentlich!

Richter kontrollieren auch Ausrüstung und Beschlag.

Einblicke in die Pferdepsyche gewinnt man auch auf einem Bodenarbeitskurs.

Abzeichenkurse und Ausbilder-Ausbildung

Vom „Kleinen Tölter" bis zum IPZV-Ausbilder: die Ausbildungs - und Prüfungsordnung des IPZV sieht zahlreiche Abzeichen und Qualifikationsprüfungen für Laien wie Profis vor. Den theoretischen und praktischen Prüfungen geht jeweils ein Lehrgang voraus, der die Teilnehmer intensiv auf alle Anforderungen vorbereitet.

Wer selbst einmal Islandpferdereiter und ihre Pferde unterrichten und fördern möchte, durchläuft die Ausbildungsskala des IPZV. Grob analog der konventionellen Ausbildung zum Fachübungsleiter, Reitwart, Bereiter oder Reitlehrer sieht die Islandpferde-Prüfungsordnung Fortbildungsmöglichkeiten zum Trainer C, B oder A vor. Die Anforderungen und Inhalte dieser Ausbildung sind natürlich Islandponyspezifisch, gehen intensiv auf Gangveranlagung, artgerechte Haltung und Turnierwesen der Isländer ein.

Wer sich besonders für die Zucht von Islandpferden interessiert und für Zuchtprüfungen begeistern kann, wird die Ausbildung zum Zuchtrichter durchlaufen, wen es eher auf den Turnierplatz zieht, kann Sportrichter werden. Auch die Ausbildung zum Richter unterscheidet sich wesentlich von der am Warmblut orientierten Richterschulung der „normalen" Reiter.

Seit kurzer Zeit ist es auch Interessenten auf dem Kontinent möglich, die Prüfung zum Bereiter nach isländischem Vorbild abzulegen. Hauptaufgabe ist die selbständige Arbeit mit mehreren Jungpferden, die vor Ausbildungsbeginn und nach einer festgelegten Zeit vom Prüfungskomitee beurteilt werden.

Fortbildung in Bodenarbeit und Jungpferdeschulung

Allen zu empfehlen, die ihr Islandpony selbst aus- oder fortbilden wollen und darüber hinaus ein echter Leckerbissen für harmoniesüchtige Islandpferdefreunde! Hier wird nicht nur ganz praktisch Hand ans Jungpferd oder Problempferd gelegt, sondern es lassen sich viele Ideen und Anregungen für die Arbeit daheim sammeln. Selbst ganz „normale" Islandponys profitieren von der Arbeit am Boden, vom Handpferdereiten und Longieren, und ihre Reiter freuen sich, versierte Ausbilder bei der Bodenarbeit beobachten zu können und einmal die so notwendige Rückmeldung über die eigene Körpersprache zu erhalten. So gefährlich und problematisch der unsachgemäße Einsatz vieler Bodenarbeitstechniken durch wohlmeinende, aber unerfahrene Reiter ist, so wohltuend und beglückend ist die gemeinsame Arbeit von Ausbilder, Teilnehmer und Pony auf einem dieser Lehrgänge.

Der Blick über den Tellerrand

Auch wenn Islandpferdereiter am meisten von den intensiv auf das Islandpony und seine Besonderheiten eingehenden Schulungen des IPZV profitieren, bieten auch andere Interessensgruppen und Vereinigungen Fortbildungen und Abzeichenkurse an, die für den vielseitig interessierten Reiter geeignet sind. Wanderreitlehrgänge, Einführungen in das Distanzreiten mit anschließendem Mini-Distanzritt, Doppellongenlehrgänge bei einem klassisch orientierten Ausbilder oder Chiron-Kurse erweitern den reiterlichen Horizont und bringen Reiter und Pferd voran.

Ab und an können Schulungen auf Nicht-Islandpferden ganz entscheidende Fortschritte mit sich bringen – und Spaß machen, denn auch andere Pferderassen und Reitweisen haben ihre Reize, man glaubt es kaum! Insbesondere dann, wenn Reiter und Pferd sich in ein Problem verbissen haben, können Anregungen aus völlig anderen Reitszenen den nötigem Impuls liefern, um den Knoten zu lösen – versierte Ausbilder und begabte Lehrpferde einmal vorausgesetzt! So sind insbesondere Kurse im Westernreiten zu empfehlen, wenn Ihnen und Ihrem Pferd die nötige Leichtigkeit fehlt, denn hier werden Sie lernen, mit weniger Zügeleinwirkung auszukommen; Dressurlehrgänge – vor allem bei barock bzw. klassisch orientierten Ausbildern – werden Sie beide voranbringen, wenn es mit der Rittigkeit hapert; ruhige Wanderritte auf erfahrenen Trekkingpferden gleich welcher Rasse geben Ihnen vielleicht die Sicherheit und Losgelassenheit wieder, die Ihnen nach einem Reitunfall verloren gegangen ist. Es gibt viele Möglichkeiten zu entdecken, der Blick über den Tellerrand lohnt in jedem Fall. Und: keine Sorge, Sie werden Ihrem Islandpony sicher nicht untreu, wenn Sie ausnahmsweise einmal fremde Reiterluft schnuppern!

Qualität statt Quantität

Züchter werden ist nicht schwer ...

... Züchter sein dagegen sehr! Führt man Stute und Hengst im geeigneten Moment zusammen und überläßt sie eine Weile sich selbst, ergibt sich der Rest eigentlich von alleine, so wie die Natur es eben vorgesehen hat. Instinktsicher und sozial kompetent, decken Islandponyhengste nach wie vor überwiegend frei und mit hoher „Trefferquote" auf der Weide, die Stuten nehmen meist problemlos auf und bringen ihr Fohlen ebenfalls ohne Zutun des Menschen selbständig auf die Welt. So einfach das Dasein eines Züchters auf den ersten Blick scheint, so problematisch ist es in der Realität: Da „züchten" „erhalten" und womöglich „verbessern" bedeutet und nicht einfach „vermehren", stehen vor den Züchterfreuden ganz nüchterne Überlegungen.

Züchter sein ist schwerer, als es scheint.

Strenge Regeln

Die Zucht von Islandponys wird vom Prinzip der Reinzucht bestimmt. Kreuzungen oder „Veredlungen", wie sie bei vielen anderen Rassen an der Tagesordnung waren und sind, kennt man hier nicht. Alle Züchter und Islandpferdefreunde fühlen sich der Idee verpflichtet, den Isländer in seiner Ursprünglichkeit zu erhalten. Die breite Streuung vieler Merkmale – Fellfarben, Gebäude, Gangveranlagung, Temperament usw. – liefert dem Züchter trotzdem den notwendigen Spielraum, seiner ganz persönlichen Idee vom Traum-Isländer züchterisch näherzukommen, ohne dabei vom Prinzip der Reinzucht abzuweichen. Denn hier kennt man kein Pardon: Wer seine Abstammung nicht lückenlos bis ins Ursprungsland nachweisen kann, bekommt keine Papiere, ist offiziell kein echter Isländer. Und da auf Island seit ungefähr 1000 Jahren eine Einfuhrsperre für Pferde besteht, gibt es dort eben nur Isländer.

Weniger ist mehr

Wer heute noch mit höchstens mittelmäßigen Pferden züchtet, arbeitet am Markt vorbei. Selbst etablierte, erfahrene Züchter klagen über Absatzschwierigkeiten, denn seit Jahren sind durchschnittlich veranlagte Isländer, vor allem rohe Jungpferde, kaum mehr kostendeckend zu verkaufen.

Wer nicht wirklich nur für den Eigenbedarf ein paar Jungpferde nachziehen möchte, sollte sowohl die in Frage kommenden Zuchttiere als auch die mit der Aufzucht verbundenen organisatorischen Zwänge kritisch begutachten. Denn wer erfolgreich und womöglich sogar gewinnorientiert züchten will, muß

- hervorragende Elterntiere auswählen, denn Mittelmaß läßt sich heute kaum mehr verkaufen;
- eine optimale Aufzucht auf weitläufigen Weiden und im Offenstall gewährleisten können, damit sich die typischen, geschätzten Eigenschaften des Islandponys entwickeln;
- seine Nachzucht regelmäßig auf Materialprüfungen, am besten auch auf Turnieren vorstellen, denn wer in der Szene nicht bekannt ist, verkauft auch weniger Pferde und
- überwiegend gerittene Nachwuchspferde anbieten, also seine Jungpferde selbst einreiten oder mit einem Ausbilder eng zusammenarbeiten, da sich ungerittene Ponys weitaus schlechter verkaufen.

Gustur fra Grund – ein Traum-Isländer für viele Züchter.

Durch Materialprüfungen für ungerittene Jungpferde kann die Qualität der Nachzucht frühzeitig beurteilt werden.

Der mit einer erfolgreichen und sachgerechten Pferdezucht verbundene Aufwand kann kaum hoch genug eingeschätzt werden, denn von der Bedeckung bis zum Verkauf eingerittener Nachwuchspferde vergehen immerhin gut sechs Jahre! Unterbringung, Fütterung, Hufbeschlag, tiermedizinische Versorgung, öffentliche Präsentationen und Ausbildung der Elterntiere sowie der Nachzucht müssen in dieser Zeit gewährleistet sein, und selbst bei bester Fürsorge kann und wird einiges schiefgehen. Wer nicht über die finanziellen Mittel und räumlichen Kapazitäten verfügt, wird züchterisch nicht vom Fleck kommen.

Hohe Messlatten müssen sein

Zuchtstuten und Hengste sollten hohen und höchsten Ansprüchen hinsichtlich Interieur, Exterieur und Gangveranlagung genügen. All ihre Eigenschaften müssen Gnade vor Zuchtrichtern und Körkomissionen finden und diese wiederum betrachten die ihnen vorgestellten Isländer auch mit den Augen derer, die den Nachwuchs einmal erwerben sollen: die breite Masse der heute sehr ambitionierten Freizeitreiter. Sie wünscht sich viel abrufbare und regulierbare Energie, eine gleichmäßige Gangverteilung mit sehr gutem, leicht zu reitendem Tölt, sauber getrennte Gänge, im Wesen freundliche, unkomplizierte und natürlich auch hübsche, typvolle Ponys.

Zukünftige Deckhengste müssen sich einer Beurteilung durch eine Körkommission stellen, die sie auf Herz und Nieren prüft. Ihre Gänge, ihr Temperament und ihr Exterieur werden kritisch begutachtet, möglicherweise vererbbare Mängel (Kieferfehlstellungen, Einhodigkeit) führen zum Ausschluß entsprechender Hengste. Wer das Prädikat „gekört" erhält, darf künftig mit offiziellem Segen Vater werden.

Fohlen, Jungpferde und gerittene Pferde können bei einer IPZV-Materialprüfung vorgestellt und ausgiebig beurteilt werden. Nicht nur der individuelle Zuchtwert potentieller Elterntiere, sondern auch der

Erfolg bestimmter Anpaarungen läßt sich so ermitteln. Die Richter orientieren sich bei der Vergabe ihrer Noten an den Leitgedanken der Zuchtordnung, in denen sowohl unerwünschte als auch positiv zu bewertende Ausprägungen bestimmter Merkmale formuliert und die entsprechenden Noten festgeschrieben sind. Ganz typisch für diese Form von Prüfung und enorm wertvoll im Hinblick auf die Beurteilung der Reiteigenschaften ist der Einsatz von Reiter-Richtern. Erwachsene Ponys, die sich einer IPZV-Materialprüfung unterziehen, werden nicht nur von ihrem Ausbilder unterm Sattel präsentiert, sondern im Anschluß daran auch von einem reitenden Richter ausprobiert. Er hat die Aufgabe, Temperament und Leichtrittigkeit verbindlich zu beurteilen, und seine Aussage spielt bei der Vergabe der Endnoten eine große Rolle. So läßt sich die Rittigkeit der Gänge, der Gehwille des Pferdes, seine Balance und Kooperationsbereitschaft relativ objektiv bewerten. Von eher schwachen Reitern vorgestellte Pferde profitieren von dieser Regelung und heimliche Puller und Sturköpfe werden unnachgiebig entlarvt.

Die Crème de la crème der deutschen Islandpferdezucht qualifiziert sich für das Deutsche Islandpferde Zuchtchampionat, und wer auch diese Hürde nimmt, bekommt das Ticket zur Weltmeisterschaft!

Bevor es aber soweit ist, muß der Topf zum passenden Deckel, müssen die zukünftigen Elterntiere ausgewählt werden. Beide sollten in jeder Hinsicht von überdurchschnittlicher Qualität und in der Lage sein, etwaige Schwächen des anderen zumindest auszugleichen. Besonders bei der Kombination kompatibler Gangveranlagungen ist der züchterische Anfänger unbedingt auf den Rat eines erfahrenen Profis angewiesen, denn hier kann viel danebengehen.

Vor die Vaterfreuden haben die Götter die Körung gesetzt.

Nur ein solider Stutenstamm garantiert qualitätsvolle Nachzucht.

„Frei geboren."

FREI GEBOREN

Andere Rassen, andere Sitten: Statt der bei vielen Rassen üblichen, einer Vergewaltigung gleichkommenden erzwungenen Deckakte steht bei den Islandponys (noch) die freie Liebe am Beginn eines neuen Lebens. Die zu belegenden Stuten, oft mit Fohlen bei Fuß, und jeweils ein Deckhengst bilden eine Herdengemeinschaft auf Zeit. Zu Beginn der Decksaison werden hofeigene und fremde Stuten zunächst auf der Weide zusammengebracht und dürfen sich ein paar Tage aneinander gewöhnen. Ist die größte Unruhe vorbei, wird der Herde ein Hengst zugeführt. Die Stuten bleiben meist sechs Wochen, also zwei Zyklen lang beim Hengst. Isländerhengste, obgleich richtige Machos, denken nicht nur an „das eine", sondern nehmen ihre Vaterpflichten sehr ernst, sie werben hingebungsvoll um jede Stute und wachen aufopfernd über die ganze Herde. Oft lassen sie es nicht einmal mehr zu, daß eine Stute aus „ihrer" Herde genommen wird!

Nach der ersten Deckperiode von sechs Wochen darf sich der stolze Vater für eine Weile erholen, bevor der nächste Schwung Damen seiner harrt. Die Zahl der Bedeckungen je Hengst hält sich auch bei sehr begehrten Vatertieren naturgemäß in engen Grenzen, da pro Jahr lediglich zwei Deckperioden anstehen. Seit einiger Zeit hat deswegen die künstliche Besamung Einzug in die Islandpferdezucht gehalten: Der Hengst wird an einem Phantom abgesamt, das Ejakulat verdünnt, aufbereitet und auf mehrere Einzelportionen verteilt. Der Hengst wird geschont, kann sehr viel mehr Nachkommen erzeugen und sogar gleichzeitig im Sport eingesetzt werden, die Stutenbesitzer müssen weder lange Anfahrten in Kauf nehmen noch die mit der freien Bedeckung verbundenen – wenn auch geringen – Risiken auf sich nehmen: Lauter Vorteile, könnte man meinen, und doch eine von vielen mit Sorge betrachtete Entwicklung. Der Kommerz hat eben längst auch in der Zucht Einzug gehalten und viele Ideale verdrängt. Greift diese Entwicklung um sich, ist langfristig mit einem Verlust an Instinktsicherheit zu rechnen, da auch sozial inkompetente Hengste eine große Zahl an Nachkommen zeugen können.

KLEIN, ABER KÜHN

Die Bedeckung der Stute wird so gelegt, daß sie im nächsten Jahr mit dem Beginn der Weidesaison abfohlt. So können Mutter und Kind von Anfang an die Vorteile der Weidehaltung genießen: ausreichend natürliches Futter, freie Bewegung auf federndem Geläuf und soziale Kontakte zu gleichaltrigen Artgenossen. Probleme während der Geburt und in der Neugeborenenphase treten ausgesprochen selten auf, die Stuten bringen ihre Fohlen meist ohne fremde Hilfe zur Welt und benötigen in der Folgezeit kaum medizinische Hilfe oder Beifutter. Die bei vielen anderen Rassen praktizierte frühzeitige Fütterung der Fohlen mit Kraftfutter ist nicht nur unnötig, sondern sogar schädlich, da sie das Wachs-

Die Fohlen kommen mit dem Beginn der Weidesaison auf die Welt.

tum der jungen Islandponys auf künstliche Weise beschleunigen würde und zu Problemen in der Entwicklung des Trageapparates führt. Die Fohlen nehmen schon nach kurzer Zeit selbständig ausreichend Weidegras oder Heu auf. Erst kurz vor dem Absetzen werden sie an Kraftfutter gewöhnt, das ihnen dann über die schwere Zeit der Entwöhnung von der Mutter und den ersten Winter hilft.

Die Kontakte zwischen Mensch und Fohlen oder Jungpferd werden in den ersten, prägenden Jahren bewußt sparsam gestaltet. Abgesehen von Impfungen, Entwurmungen und Hufpflege werden die jungen Pferde weder frühzeitig in irgendeiner Form gearbeitet noch dauernd angefaßt, getätschelt und geherzt. So suchen sie in der Herde ihre sozialen Kontakte und achten den Menschen, ohne ihn zu fürchten. Selbstbewußt, aber nicht frech, kühn und knackig, aber nicht aufdringlich, werden aus diesen Fohlen später einmal Reitpferde mit dem typischen Biß der Islandponys.

Und wenn nicht?

Wachsen Fohlen und Jungpferde nicht artgerecht, also in der Herde und mit sozialen Kontakten zu gleichaltrigen Artgenossen auf, so sind spätere Probleme vorprogrammiert. Züchter, Ausbilder und Reiter werden an diesen Pferden keine Freude haben: Bei der Arbeit am Boden oder unterm Sattel gebärden sie sich oft büffelig und frech oder faul und dumm, in der Herde werden sie nicht integriert, da ihnen die soziale Kompetenz fehlt. Oft lehnt sogar der Deckhengst derlei Stuten ab und vertreibt sie aus seiner Herde.

Züchten professionelle Betriebe im größeren Stil, treten diese Schwierigkeiten nicht auf, doch der Besitzer von ein oder zwei Zuchtstuten wird kaum für eine wirklich optimale Aufzucht seines Nachwuchses sorgen können. Große Gestüte nehmen die Fohlen dieser Stuten gerne als Absetzer in Pflege und integrieren sie in die eigenen Jungpferdeherden.

Um die Zukunft unserer Islandponies ist es gut bestellt.

Gleiches Schicksal widerfährt
Mann und Roß im Lande.
Es knüpfen Isländer und Pferd
glückdurchwirkte Bande.

(Gudmundur Ingi Kristjansson)

ISLÄNDER - KLEINE PFERDE MIT GROSSER ZUKUNFT

Um die Zukunft unserer vierbeinigen Freunde mit Wind in der Mähne muß uns nicht bange sein. Anzahl und Qualität der Islandpferdepopulation auf dem Kontinent nehmen ebenso ständig zu wie Engagement und Erfahrung ihrer Reiter, Züchter und Fans. Die eine oder andere negative Entwicklung wird wohl hoffentlich von so vielen Argusaugen beobachtet, daß sie sich nicht durchsetzen können wird. Ob unethische Gangpferdemanipulation, Zucht mit Ekzempferden oder Einzelhaft wertvoller Ponys: Es wäre doch gelacht, wenn der Siegeszug der Isländer damit enden würde, daß ihre Freunde dieselben Fehler wiederholten, gegen die sie noch vor nicht allzu langer Zeit so lange und so vehement angegangen sind. Unsere Isländer geben uns viel, aber sie nehmen uns auch in die Pflicht. Wenn es uns gelingt, sie in ihrer Ursprünglichkeit zu bewahren und mit ihnen zu leben, ohne ihr Wesen willkürlich zu verbiegen, so kommt uns selbst dies am meisten zugute.

NÜTZLICHE ADRESSEN

Redaktion „Das Islandpferd"
Hanjo Düring
Füssener Straße 26
86975 Bernbeuren

IPZV
Islandpferde Marketing- und
Dienstleistungs-GmbH
Herr Hauke Melles
Lindenstr. 43
37181 Hardegsen

IPZV-Geschäftsstelle
Geschäftsführer
Christian Schützel
Tränkepforte 3
34117 Kassel

Zentralregister des IPZV
(IPZV-Turnierreiterverzeichnis)
Hemdinger Straße 9
25355 Bevern

Allgemeine Info:
Zeitschrift „Das Islandpferd",
erscheint alle zwei Monate
„Das Islandpferde-Adressenbuch"
(„Gelbe Seiten" für Islandpferdereiter)